THE ELEMENTS OF LEEPYO SUPERHUMAN SKILL

十二運數

Most Reverend, LEESOO's – Transcript of Lectures
Lesson Two**

Twelve Fortunes,

four pillars of Destiny

compiled by Yun, Kiok   Hwang, Inhwee

LEESOO BAZI ART CLUB, KOREA 2009

李修 尊師 '五字術, 李豹神技' 入門書

十二運數

十二神煞 合作 運用技

Most Reverend, LEESOO - Transcript of Lectures / Lesson Two**

十二運數

차례

일러두기

1. 이 책은 이수 스승이 (주)스포츠조선퓨처미디어, SCFM의 대표이사로 재직할 당시인 2003년 9월경 서울 목동의 스포츠조선 본사 대강당에서 문하생들의 요청으로 하루 반나절이 넘도록 이루어진 연속 강의 - crash course - 내용을 녹취하여 정리한 것입니다.

➜ 이날 강습회는 제자들이 운명학술을 펼치는 실제 상황에서 겪는 어려움을 극복하기 위한 방편으로 긴요히 청하여 이루어진 행사였습니다. 그런데 왜 문제자들을 위한 실기 전수 과정에서 문파의 독보적 명리 이론체계인 '형충회합실전'이나 '첨단물상법수' 등의 고급 테크닉이 아닌 올드패션에 속하는 신살을 강론하였을까? 과거와 마찬가지로 지금의 제자들 또한 예외 없이 겪기 마련인 망양지탄亡羊

之歎의 심정을 헤아렸기 때문입니다.

2. 책의 제목, '십이운수 · Twelve Fortunes, four pillars of Destiny'에 달린 'THE ELEMENTS OF LEEPYO SUPERHUMAN SKILL'라는 부제에 주목하십시오.

➜ 강의록은 신살 운용 기법의 핵심을 반복하여 주입시키는 팔자 통변의 골자 내용으로 채워져 있습니다. 십이신살의 운용 법수는 자평명리子平命理의 팔자술八字術에 그대로 적용해도 무방합니다만, 우리 학파에서 올해 己丑年부터 본격적으로 방출하게 될 새로운 운명학술 체계인 이표신기李豹神技, 오자술五字術에서 더욱 유용하게 쓰이는 재료가 됩니다. 까닭에 이 책은 오자술, 이표신기(LEEPYO SUPERHUMAN SKILL) 학습의 입문서 역할을 합니다.

※ 國民易學 五字術 學習 段階

1段階	看破命運	入門 α
2段階	十二運輸	基礎 β
3段階	李豹神技	中級

3. 독자들의 이해를 도모하기 위해 최소한의 주註와 도표를 삽입하여 편집했습니다.

➜ 현장 강연의 언어는 경어와 평어가 혼용되고 있지만, 강의록은 평어체로 통일하였습니다. 강연 당일에 채택된 교재는 따로 없습니다. 교육 현장에 참석하지 못한 후학의 입장에서 입수한 녹음 파일을 반복 청취하며 강의 육성을 빠짐없이 녹취하는데 주안을 두었습니다.

4. 전체 3과로 구성된 본문은 제목을 따로 정하지 않고 있습니다. 교과의 각 과는 모두 십이신살 전체를 포괄한 개론과 각론이 반복되는 식의 독립 구성으로 나누어 묶을 수 있습니다.

➜ 강연회에서는 십이신살의 핵심 내용과 운용 기법이 다양한 각도에서 수차 반복되어 다뤄지므로 학습 현장에서 곧바로 학습 효과의 고양으로 이어지는 특유의 강의 기법이 실행됩니다. 그러므로 독자들이 각자 본문 전체의 내용을 소리 내어 읽고 스스로 녹음하여 듣기를 거듭한다면 기대 이상의 학습 효과와 통변의 실력 배가를 체험하게 될 것입니다.

1강

세상에는 영원한 것이 없겠지만, 살면서 좀처럼 변화하지 않는 것도 많이 본다. 위기와 기회가 같이 온다는 것도 그렇다. 함께 와서 같이 머물면서도 서로 밀어내기를 스모 경기처럼 한다. 르네상스와 신대륙 발견 이후 인류의 역사를 보면 기회가 득세하는 호황의 기간이 더 길었다. 삶은 누구에게나 힘겹고 고통스러운 무게로 다가오지만, 그래도 사는 재미를 느낄 때가 적지 않다.

실존적 사고체계에서 조금만 벗어나면 '삶은 괴롭다'거나 '살만하다'나 모두 거기서 거기라는 점을 자연스레 인식하게 된다. 하지만 무無나 공空, 이런 식으로까지 진도를 나가지는 않기 원한다. 나는 어디까지나 세사 일반에서 진리를 구하고, 설파하는 명리가[1]의 입장에서 사물을 바라보는 자로 그런 게 취향에 맞지 않다. 지나치게 속되거나 혹은 선지식을 갈구하는 부류와는 별로 통하고 싶은 생각도 없고, 도통 흥미조차 느끼지 못한다. 무엇보다 나는 사람들에게 '당장에 절대 죽을 일은 없다'는 신념을 실어, 용기를 고취시키는 역할로 만족하는 피 끓는 한사람에 지나지 않는다.

그러니 다가오지도 않은 죽음에 대한 공포에 집착한다거나, 트라우마의 굴레에서 벗어나지 못하는 쪼그라든 정신상태에서 속히 깨어나길 바란다. 반대로 마음을 죄다 비워 삶도 죽음도 다 무의미하게 여겨진다는 산중거사 내지 도인 흉내를 내는 부류들 또한 단호히 거부다. 이게 팔자로 보면 죄다 상궤를 이탈한 하격[2]으로 구분되기 마련인데, 무릇 사내라면 어느 경우에도 처자식을 부양하고 부모를 공경하는 마음과 실천력을 놓아서는 변명의 여지가 없다고 생각한다.

삶이 고단하고 힘들수록 노모와 새끼를 먹이는 기쁨에 집중해야지, 짜증스레 굴거나 도피한다면 하늘이 돕지 않을 것이다. 여기 있는 제자들 가운데도 지금 삶이 몹시 팍팍하게 여겨지는 이들이 몇 있을 것이다. 개 중에는 사방이 꽉 막혀 옴짝달싹 할 수 없는 지경에 처한 이들도 있을테고 도저히 가망이 없다고 스스로 진단한 이들도 있을 수 있다.

그런데 '이게, 기회야'라고 속삭인다면 어불성설일까? 상태가 그 정도로 긴박하다면 간단히 말해 넉넉잡아 한 5년만 지나면 그대는 '죽었거나, 혹은 한결 나아졌거나' 둘 중 하나에 속할 것이다. 당장은 아무런 대책이나 길이 보이지 않아도 내 말은 틀림없는 결과로 나타난다. 덧붙이면 여기 제자들 가운데 5년 안에 저 세상으로 갈 사람은 없어 보인다. 그러니 현재 운기가 바닥을 기는 이들에게는 오직 청사진만 내보일 수 있을 것 같다. 혹 그때에 이르러 지금보다 더 상황이 악화됐다고 따질 상대가 출연한다면 내 답이 간단할 것이다. "너는 바닥도 아닌데, 바닥인양 굴었구나!"

결론한다. 진짜 위기는 곧 기회다. 바로 이 자리에 다시 기회를 맞이한 사람들이 있다. 사람들은 죽을 지경에서 살아 나온 자에게 경외심과 두려움을 품는다. 고단의 끝을 보았다면, 지금부터는 근사한 변신만이 남은 것이다. 위기와 기회, 둘은 언저리에서 겹쳐 있는 법이다.

주[1] >

명리가命理家란 사주명리학을 공부하거나, 주로 개인 운명의 빈부귀천과 길흉화복을 예측하는 일을 업으로 삼는 사람을 말한다.

주[2] >

하격은 귀격이나 상격의 반대인 천격과 같은 말이다. 명리에서는 세속적 가치 기준에서 빈부귀천을 정의한다. 그러므로 하격은 대개 물질적인 성취와는 무관한 사주 유형을 뜻한다.

대다수의 역학 동호인들은 나를 명리학자로 보지만, 실상 이 자리만 벗어나면 나는 대중 일반에게 각기 다른 직업을 가진 사람으로 주로 통한다. 아마도 중앙일보에 연재되는 일일 운세를 보는 사람들에게는 역술인으로, 여기 스포츠조선의 칼럼을 보는 이들에게는 재테크 전문가로, 방송을 보는 이들에게는 증시전문가로 인식될 것이다. 혹은 일반적 저술가나 칼럼니스트 내지 풍수가로 알아보는 이들도 심심찮게 만난다. 애스크퓨처닷컴[1]을 보면 내가 영락없는 술가術家로 비치기도 하겠지만, 팍스넷[2]을 보면 전문투자분석가로 여겨질 것이다. 또 내가 참여하는 사교계에서는 보통의 닷컴CEO로 통한다.

사실 비즈니스의 관점에서 온라인상의 마켓의 크기로 보자면 술업계는 상대적으로 협소하여 별로 매력적인 영역이 못된다. 일례로 팍스넷의 회원 수는 이미 80만을 돌파했지만, 애퓨는 20만으로 정점에 도달한 것만 봐도 그러하다. 나를 아는 개미투자자들의 수가 아마도 역학 동호인들 숫자의 100배는 넘고도 남을 것이다. 그럼에도 불구하고 나는 늘 명리학도로서의 본분과 정체성을 의심해 본 바가 없다. 이유는 간단하다. 이게 좋으니까. 여기에 더 꽂히니까.

주[1] >

(주)애스크퓨처닷컴www.askfuture.com은 2000년 6월에 론칭되어 2005년 8월까지 5년 간 실행된 역학 포털 사이트로 역학 동호인들의 커뮤니티가 가장 활성화된 황금기를 이끌었다. 세계 최초의 역학 기업으로 오늘날까지 이를 대체할만한 환경이 조성되지 못했다. 동호인들 사이에서는 지금까지도 '애퓨'라는 별칭의 약명으로 주로 회자된다.

주[2] >

1999년 5월 18일 (주)팍스캐피탈을 설립하면서 인터넷 주식 전문 포털사이트인 팍스넷주식www.paxnet.co.kr 서비스를 시작하였다. 같은 해 11월 지금의 (주)팍스넷으로 회사 이름을 바꾼 뒤, 다음달에 벤처기업 인증을 받았다. 2000년 7월 누적 방문자 수 1억 명을 돌파하였고, 2003년 9월에는 종합 금융 포털사이트인 모네타MONETA 서비스를 시작하였다.

기능적으로는 예측을 업으로 삼은 까닭도 있겠지만 정작 본질적인 이유는 그게 아니라는 얘기다. 물론 언젠가 내가 명리의 세계를 벗어날 수도 있을 것이다. 그러나 본질을 비켜갈 수는 없는 법이다. 나는 애당초 돈보다 허명을 쫒는 유형의 팔자를 타고나서인지, 대략 외부에서 보는 만큼의 돈을 벌지 못했다. 그래서인지 객관적으로 부자는 아니지만, 쓰고 즐기고 기분을 내는 데는 일가견이 있는 사람이다.

닷컴 거품이 꺼진 지난 시기에 나는 그런대로 운이 좋게 선방을 한 셈이어서 펀딩에 의존하는 체제를 고수하면서도 애퓨는 순항해 온 셈이 됐다. 지지난 해에는 가진 지분을 팔아 돈도 좀 벌었고 무난하게 증자도 마쳤다. 술업에 국한해서 역술인 개인의 입장에서 본다면 지난 3년간 업계 최고의 수입을 거두지 않았을까 하는 생각에 미치기도 한다. 유감스럽게도 올해 들어서는 아직 별 재미를 못 봤다. 그래도 내가 사학계에 데뷔한 이래 올해 가장 기쁜 일을 경험했다.

대만의 무릉출판유한공사[1]와 출판 계약을 하고, 현지에서 '적천수적요'를 발간했기 때문이다. 혹간 사업이고 뭐고 다 접고 정리해서 홍콩에나 가서 동양 일대의 사교계에서 활약하고 싶은 마음이 들 때가 있다. 술가 본연의 활동으로

만 매진한다면 적어도 위천리[2]급 이상으로 활약할 자신이 넘친다. 그러나 이처럼 일상을 탈피하려는 구체적이지 않은 욕구가 종종 솟구치면 운이 내려가는 신호로 보는 게 옳다. 이제 외화내빈의 전형으로 돌아왔으니까 당장은 운이 펄펄 살아있는 것처럼 보일 수도 있겠지만, 앞으로는 십중팔구 운이 하향하지 않을까 싶다.

정작 내가 두려워하는 바는 이게 운의 바닥이 아니기 때문이다. 따라서 얼마간은 호재를 만나봤자 링거 주사 한방 이상의 효과에 불과하지 않을 터란 점을 알고 있다. 하지만 마음을 추슬러 좀 더 멀리 내다본다면 지금도 기회의 의미를 품는다. 그래서 명리가는, 명리를 애호하는 이들은 희망의 끈을 놓는 법이 없다. 얼핏 절망과 체념이 팔자타령과 맞아 떨어지는 법하지만, 명리의 진가는 관조와 확신으로 빛을 발한다.

어쨌거나 내 자신은 머지않은 시기에 하나의 확고한 진로를 설정해야 된다고 생각한다. 자칫 타이밍을 놓치고 팔방으로 나대다간 어정뜨기가 칠팔월 개구리마냥 될지도 모른다. 그런데 이마저도 운이 받쳐야 그럭저럭 무난해질 텐데 식상[4] 이 혼잡이라 쉬운 일이 아니다.

주[1] >

대만의 무릉출판유한공사는 역학서를 전문으로 출판하

는 최대 규모의 출판사다. 외국인으로는 일본의 아부태산阿部泰山 이래 사상 두 번째로 한국인으로는 처음으로 '적천수적요' 라는 명학서가 출간되는 쾌거를 낳았다. 이 시점을 기화로 유력 언론들이 저자를 세계적 명리학자로 칭하기 시작했다.

주[2] >

위천리韋千里는 근대의 명리대가로 대만과 홍콩에서 왕성하게 활동한 인사다. 장개석 총통의 총애를 받았고, 말년에는 주로 홍콩에서 한중일 삼국의 유력 인사들이 자문을 구했던 일대의 저명한 술가로 활약했다.

주[3] >

SCFM은 (주)스포츠조선퓨처미디어의 영문 약기로 2002년 5월 (주)애스크퓨처닷컴과 스포츠조선이 제휴하여 설립한 합작법인이다. 당시 애퓨의 이수 대표가 SCFM의 대표이사로 선임되면서 역술인이 언론사 자회사의 사장으로 임명된 유일한 사례로 한동안 뉴스가 되기도 했다.

주[4] >

식상食傷이란 식신과 상관을 통칭하는 육신六神의 용

어로 팔자에 식상이 혼잡이면 보통 한 우물을 파기가 어려워지는 경향이 있다.

지금부터 불과 5, 6년 전만해도 경제 상황이 IMF 사태로 인해 꽤나 심각했다. 주식시장은 최악의 낙폭을 기록했으며 투자자들은 공황 상태가 됐다. 내가 사학계에 데뷔한 정확한 시점으로는 여기 이 자리에 위치한 스포츠조선의 일일 운세를 연재하기 시작했던 1999년의 10월로 보는 게 맞을 것 같은데 그때 나는 한국경제TV의 국민주식고충처리반[1]이라는 프로그램을 고승덕 변호사와 함께 진행하며 역학계와는 다소 동떨어진 분야에서 꽤나 분주했던 편이다.

보통 시장을 예측하고 종목을 분석하는 역할을 담당했지만 때때로 방송 중에 곁들어 붙이는 토막말이 예상치 못한 시청자들의 반응을 이끌어 냈다. 주식투자 손실로 심대한 피해를 입고 극도의 불안에 처한 수많은 개미투자자들에게 내가 전하는 말은 단순한 위안 이상의 의미로 받아들여졌다. 이때 나는 깨달았다. 내가 사람들에게 용기를 주는 존재라는 점을. 가만 돌이켜 보니 학창 시절이나 군 시절에 후배나 부하들을 용감하게 조련하는 특기가 있는 듯도 싶었다. 따져 보면 이것은 신뢰의 문제이기도 하다.

누구나 자신이 넘치면 포스가 묻어나고 아우라가 커지기 마련인데 나는 타고나기를 자신감 하나 빼면 시체와 같은 성향을 지니기도 했고, 또 당시에는 무엇보다 팔자술[2]에 대한 주체할 수 없는 자신감에 휩싸여 세상이 온통 내 손안에 있는 기분이라 거칠 바가 없었다. 아마도 나만큼 팔자술 실전에서 진검승부를 즐긴 사람이 없을 것이다. 근자에도 어느 누구가 도전한들 승부를 회피하지 않는다. 애퓨의 진검승부 창이 이점을 증명한다.

증권가에서도 나는 그간 관록이 붙은 숱한 애널리스트들을 싸잡아 일거에 엉터리로 몰아붙이면서 기선제압을 했다. 속칭 이 계통에서 잘 나가는 인사라 해 보았자 다만 한시적으로 운이 좋을 뿐이고, 손실을 본 일반투자자들에게는 투자 공부나 실력이라는 허상을 쫓을 필요가 없으며, 단지 운이 받쳐 주지 않아 실수하고 과욕하게 되어 결과적으로 게임에서 패했을 뿐이라며 목소리를 높였다.

이 같은 주장은 명리적 사고에 따라 먼저 자책으로부터 투자자들을 해방시키는 위안의 긍정적 작용을 했다. 급기야 동양학으로 보는 증시 예단[3]이라는 프로그램을 신설하여 아예 생방송 도중에 전화로 문의하는 시청자들의 사주를 대놓고 보며 투자 성패를 추리하기도 했다. 마치 짜고 치는 고스톱마냥 내가 즉석에서 시청자의 사주를 세워 지난 시기의 재적 상황이나 육친 관계부터 빈틈없이 짚어 내기 시작하면 상대의 탄성과 동시에 방송사 전체의 전화통이 일제히 불붙기 시작했다. 방송위원회의 숱한 경고가 이어졌고 결국은 이 흥미진진한 프로그램이 막을 내렸지만 시청자들의 신뢰와 인기는 바다의 포말처럼 끓어올랐다.

일단 현장에서 순식간에 맞추고 보는 팔자술의 예봉을 선보이며 일시에 카리스마적 존재로 부각됐다. 좀 우습지만 한동안 나는 이수 도사로 장안의 화제가 되며 지난해까지 매년 빠짐없이 증권가에서 상종가를 친 인물로 언론의 스포트라이트를 받아 왔다. 그러한 여파로 한때는 사모펀드를 운용하기도 했고, 현업과 병행하여 금융계로 복귀해서 거시예측분야에서 활동할 계획을 세우기도 했다. 때론 시장의 예측이 빗나가도 비난받는 일이 별로 없었다.

한 마디로 강한 운을 실감하던 계절이었다. 나는 최근까지 명리에 기초하여 내 운이 강하다는 점을 파악하고 있었기 때문에 일말의 두려움도 갖지 않았다. 본능적으로 간간이 대박의 꿈을 쫓는 허욕이 일기도 했지만, 원천적으로 그것이 실현되기는 어렵다는 점도 알고 있었으므로 무리수를 두지 않았다. 게다가 나는 육십갑자[4]의 반복 수식체계에 근거한 예측 논리에 강한 확신을 가지고 있었으므로 여타의 기술적 분석보다 시장을 예측하는 분야에서 우위에

선다는 자부가 있었다. 그 자부심의 원천은 다름 아닌 동양의 예측술이었다.

주[1] >

국민주식고충처리반은 한국경제TV 개국 초창기부터 현재까지 변함없는 간판프로그램으로 초기에 애퓨의 이수 대표와 고승덕 변호사가 공동 진행자로 활약하며 증권가의 스타로 떠오르는 계기가 됐다.

주[2] >

팔자술은 명리학의 지식 체계에 의거하여 상대의 사주팔자를 세워 이의 해석을 통해 개인과 관련 육친의 과거, 현재, 미래사를 추리하고 성패를 예측하는 기법을 말한다.

주[3] >

동양학으로 보는 증시 예단은 진행자가 시청자들과 생방송 중에 전화로 쌍방향으로 교신하는 색다른 방송 환경으로 장안의 화제를 낳은 프로그램이다. 이수 대표가 방송으로 본격적인 사주 추명술을 선보인 최초의 사건이다.

주[4] >

육십갑자六十甲子는 10간干과 12지支를 결합하여 만든 60개의 간지干支로 육십간지·육갑이라고도 한다. 육갑은 연월일시 모두에 적용되며 다 같이 육십진법으로 반복되어 나열된다. '주가등락 알 수 있다' 라는 책이나 '간파명운' 의 '타이밍캐처' 항목에 보면 육십갑자의 반복 수식체계에 근거한 예측 논리를 통한 예측 논리가 이해하기 쉽도록 잘 설명되어 있다.

참고로 한 사람이 태어난 연월일시 네 기둥을 사주四柱라 하고, 사주의 각 기둥은 각각 육갑 하나씩 배당되어 간지 두 글자로 이루어지므로 사주는 곧 팔자八字로 통칭된다. 선조들은 보통 육갑으로 정해지는 한해의 사건 발생 시기를 나타냈고, 육갑으로 새우는 일진日辰을 생활 속에서 활용했다. 비단 하루의 길흉을 추리하는 일진뿐만 아니라 시간대까지 확장해서 시진의 길흉도 스스로 체크할 수 있도록 정리한 내용이 바로 타이밍 캐처 Timing Catcher다.

※ 육십갑자표와 해당 연도

간지	연도	간지	연도	간지	연도
甲子 (갑자)	1864, 1924, 1984	甲申 (갑신)	1824, 1884, 1944	甲辰 (갑신)	1844, 1904, 1964
乙丑 (을축)	1865, 1925, 1985	乙酉 (을유)	1825, 1885, 1945	乙巳 (을사)	1845, 1905, 1965
丙寅 (병인)	1866, 1926, 1986	丙戌 (병술)	1826, 1886, 1946	丙午 (병오)	1846 ,1906, 1966
丁卯 (정묘)	1867, 1927, 1987	丁亥 (정해)	1827, 1887, 1947	丁未 (정미)	1847, 1907, 1967
戊辰 (무진)	1868, 1928, 1988	戊子 (무자)	1828, 1888, 1948	戊申 (무신)	1848, 1908, 1968
己巳 (기사)	1869, 1929, 1989	己丑 (기축)	1829, 1889, 1949	己酉 (기유)	1849, 1909, 1969
庚午 (경오)	1870, 1930, 1990	庚寅 (경인)	1830, 1890, 1950	庚戌 (경술)	1850, 1910, 1970
辛未 (신미)	1871, 1931, 1991	辛卯 (신묘)	1831, 1891, 1951	辛亥 (신해)	1851, 1911, 1971
壬申 (임신)	1872, 1932, 1992	壬辰 (임진)	1832, 1892, 1952	壬子 (임자)	1852, 1912, 1972
癸酉 (계유)	1873, 1933, 1993	癸巳 (계사)	1833, 1893, 1953	癸丑 (계축)	1853, 1913, 1973
甲戌 (갑술)	1874, 1934, 1994	甲午 (갑오)	1834, 1894, 1954	甲寅 (갑인)	1854, 1914, 1974

간지	연도	간지	연도	간지	연도
乙亥(을해)	1875, 1935, 1995	乙未(을미)	1835, 1895, 1955	乙卯(을묘)	1855, 1915, 1975
丙子(병자)	1876, 1936, 1996	丙申(병신)	1836, 1896, 1956	丙辰(병진)	1856, 1916, 1976
丁丑(정축)	1877, 1937, 1997	丁酉(정유)	1837, 1897, 1957	丁巳(정사)	1857, 1917, 1977
戊寅(무인)	1878, 1938, 1998	戊戌(무술)	1838, 1898, 1958	戊午(무오)	1858, 1918, 1978
己卯(기묘)	1879, 1939, 1999	己亥(기해)	1839, 1899, 1959	己未(기미)	1859, 1919, 1979
庚辰(경진)	1880, 1940, 2000	庚子(경자)	1840, 1900, 1960	庚申(경신)	1860, 1920, 1980
辛巳(신사)	1881, 1941, 2001	辛丑(신축)	1841, 1901, 1961	辛酉(신유)	1861, 1921, 1981
壬午(임오)	1882, 1942, 2002	壬寅(임인)	1842, 1902, 1962	壬戌(임술)	1862, 1922, 1982
癸未(계미)	1883, 1943, 2003	癸卯(계묘)	1843, 1903, 1963	癸亥(계해)	1863, 1923, 1983

희망의 메시지는 금세 현실이 되는 듯 보였다. IMF 회복분위기로 상승세를 기록하던 주가는 2000년 초반에 1000포인트를 돌파하기도 했다. 그러나 거품경제론이 부각되며 곧 하락하기 시작했고, 급기야 9·11 테러까지 터지면서 폭락사태를 낳았다. 테러이후 강한 미국을 위시한 경기회복 기대감으로 900포인트를 상향 돌파하기도 하였으

나, 실물경제의 회복 조짐이 나타나지 않자 다시 크게 되밀렸다. 올해 초반에는 외국인들의 지속적인 매수로 등락의 혼조세를 보이고 있지만 지속적으로는 오르는 흐름을 보이고 있다.

주식은 지금 사야 한다. 계년癸年에 사서 5년 뒤인 무년戊年[1]에 팔면 꽤 재미를 보게 될 것이다. 십년 주기로 등락이 반복되는 미국 경기의 흐름을 보면 과거에서 답을 찾을 수 있다. 이것을 육십갑자로 변환하면 흐름이 더욱 선명하게 보인다. 2008년 무자년의 상황이 다소 묘하다. 1988년의 무진년에는 미국의 저축대부은행 1,560개가 무더기로 도산한 적이 있었다. 1998년 롱텀캐피탈 사태는 금융시장의 심장부를 강타했다. 따라서 2008년은 기회이자, 위기가 되는 시점이 될 것이다.

위기는 곧 기회가 된다. 경기가 악화되면 여지없이 급매물이 많이 나오게 된다. 현명한 투자자들은 이때 헐값에 사들인다. 위기 기간 동안 매입한 자산과 주식은 수년만 지나면 '이성 잃은 광란'의 기간을 거치며 몇 배 이상의 가치 상승을 실현시킨다. 요는 항상 그랬다는 것이다. 살다보면 좋은 기회는 의외로 많이 생긴다. 당시는 몰랐지만 지나고 보면 그게 주기적으로 반복되어 왔음을 알 수 있다. 앞으로는 위기가 오면 그게 곧 기회라고 생각하면 틀림없다.

우리들은 험난한 항해를 해 나가면서도 드물게 오는 기회를 전략적으로 활용해야 한다. 또 한 번 기차를 놓쳤다고 해서 다음 기차가 안 올 거라는 생각은 금물이다. 명리공부도 마찬가지다. 한계에 봉착했다 싶을 때가 상승의 일보직전에 선 것이다. 노력한 위에 한층 더 노력하는 마음가짐을 갖지 않으면 결코 명리에 통하지 못한다.

주[1] >

무년戊年은 매년의 끝자리가 아라비아 숫자로 '8' 로 끝나는 해를 말한다. 1998년, 1988년, 1978년, 1968년 미국 경제는 예외 없이 위기국면을 맞았다.

예로부터 우리는 예지력을 갖춘 민족으로 통했다. 선조들은 육갑을 짚을 줄 알았고 앞날의 길흉을 점쳤다. 양반과 상사람, 농민에 이르기까지 예외가 없이 간지의 반복순환체계를 통하여 신속히 처리하고 절대로 금하는 게 있었다. 두고 보라. 글로벌 시대에 우리 민족이 본격적으로 두각을 드러내는 순간, 특급 브랜드의 주인공은 다름이 아닌 육십갑자가 될 것이다. 우리의 조상들과 마찬가지로 전국민이 육갑을 짚는 그날까지 나는 씨를 뿌리고 싹을 틔울 존재가 되고자 한다. 일개 명리학가로서의 내 자부는 복고

풍의 한자문화권 부흥이 아닌 예측 시대를 부활을 알리는 소명에 있는 것이다.

오랜만에 제자들과 자리를 함께 하게 되었는데, 나는 여러분이 지금 무엇을 원하는지 잘 알고 있다. 제군들은 현재 여러 갈래 길에서 양을 잃고 탄식하는 입장에 처한 것 같다. 자연스러운 일이다. 이왕 한 자리에 모였으니 할 말을 해야겠다. 제자들은 언제나 스승이 수없이 반복한 가르침을 망각한다. 다른 것은 몰라도 나는 공부인의 자세로 두 가지 점을 늘 각인시켰다. 하나는 백투더베이식back to the basic이고, 또 하나는 간두진일보竿頭進一步다.

바로 이것이 문제의 답이다. 매번 양을 잃을 때마다 내게 양을 찾을 방도를 알려달라는 것도 무리일 테고, 한번 알려주기 시작하면 다음에는 아예 잃은 양을 찾아달라고 조를 것이다. 그대들은 그나마 이 이수를 만나 여간해서는 보기 어려운 여러 갈래의 길을 접했다. 이제는 어느 곳에 가서 어떤 가르침을 청한들 하품만 쏟아질 것이다. 혹 생소한 길에 접어들었다 한들 어느 순간, 이전에 지났던 길임을 금세 알게 될 것이다. 적어도 직계 문하 과정을 사사한 이들이라면 스스로 해법을 구할 수 있어야 한다.

장도에 올라선 이상 언제든지 양을 잃을 수 있다. 이럴 때면 일단 하나의 길을 선택해서 죽기 살기로 끝까지 가봐야 한다. 한 가지 일에 끈기 있게 매달리는 사람은 어느 분야에서건 성공의 결과를 보게 된다. 이것은 울분한 심정이나 오기, 격기 따위의 일시적 감정 상태로 될 일이 아니다. 백천간두에서 다시 진일보하는 원천적인 분발심이 이어져야 한다. 이미 충분히 향상했고 다시 더 앞으로 나아가 그래도 찾지 못하면 애초에 출발한 곳으로 돌아와 다시 시작해야 할 것이다. 진일보도 회귀도 아닌 엉거주춤 굳어버린 제자들의 모습을 보는 심정은 안타까울 뿐만 아니라 나의 지도력을 스스로 의심하게 되는 기분이 좋지 않은 일이다.

이상으로 잔소리는 끝이다. 어쨌거나 이 자리에 모였으니 이제부터는 행복한 마음으로 학습에 몰입해보자. 오늘은 특별히 운명술의 실기 내지 현장 통변의 솔루션을 요청해서 이루어진 자리인 만큼 철저히 베이식으로 돌아가 짚어 보겠다. 그래서 오늘 강연의 문패는 다소 의아할 수도 있겠는데, 일단 십이신살로 정했다. 내가 보기에 오늘날의 역학도들은 신살을 잘 알지도 못하고, 그런 연유로 응용의 법수는 더욱이 알지 못한다고 생각한다. 그럼에도 불구하고 어지간한 위인들은 모두 다 안다고 착각하고 있다.

제군들의 기본기는 너무도 허술하기 때문에 당장 제아무리 형충회합의 첨단 실기를 수련하고 자부한다고 한들 제대로 된 실력자 한 사람만 만나면 그대로 허물어지게 돼 있다. 제아무리 정교한 원투스트레이트를 신속하게 날린들 동네 무뢰배들에게는 잘도 먹혀들어가겠지만, 드물게 임자를 만나 정강이만 한번 걷어차여도 싸울 의지를 상실하게 될 것이다. 학문의 기초는 스스로 닦고 굳혀야 한다.

앞에서 내가 위기는 곧 기회라고 했는데 담대한 기상을 품고 용맹심을 일으켜야만 제대로 된 공부를 할 수 있다. 다음으로 미국 경기의 반복 주기를 잠깐 언급하며 무년의 경제 위기 상황을 논했는데, 그렇다고 해서 매년의 戊年 상황이 항상 같을 수는 없을 것이다. 1968년은 무신년이고, 1978년은 무오년이며, 1988년은 무진년이고, 1998년은 무인년인데 각각의 상이 다른 것이다. 다우지수는 1968년 11월부터 1970년 5월까지 19개월 만에 36%나 대폭락했는데 앞에서 나열한 연도에서 이러한 패턴과 유사한 한 해를 고르라면 응당 1988년을 주목할 수 있다. 지지는 삼합국을 같은 오행 군으로 엮어 일단의 체體로 삼으면 된다. 예컨대 앞으로 다가올 2008년 무자년[1]의 상황을 예측한다면 특히 1968년과 1988년에 주안을 두고 살피면 대강의 앞날을 짐작할 수 있게 된다.

주[1] >

2008년은 무자년, 1968년은 무신년, 1988년은 무진년으로 무토와 신자진 수국의 공통분모를 형성하여 두루 통하는 관계로 본다.

정리해보자. 예측의 공식을 세우기 위해 십간십이지의 경우의 수를 보다 축소시키면 십간오행국[1]의 구조로 만들 수 있다. 양간은 수국과 화국, 음간은 금국과 목국으로 간지가 조합되므로 간합의 오운 구조는 공통분모를 만들지 않는다. 따라서 천간은 오행을 음양으로 엄격히 분리해서 적용하지만, 지지는 음양을 구분하지 않는 오행술을 쓰게 된다. 이를테면 포태술의 기본에서 '천간 대 지지'의 관계를 살필 때는 음포태[2]를 적용하는 게 원칙이고, '지지 대 지지'의 관계를 살필 때는 오행포태만 적용하는 식이다.

주[1] >

십간오행국으로 공통분모를 추려내면 육십갑자를 스무 가지의 집단으로 엮을 수 있다.

주[2] >

포태술, 즉 십이운성에 관한 본격적인 내용은 포태진기胞胎珍技, 명리물상실전57초, 命理36禽獸 등의 문헌을 참고하기 바란다.

※ 십이운성표

十干	胞	胎	養	生	浴	帶	祿	旺	衰	病	死	墓
甲	申	酉	戌	亥	子	丑	寅	卯	辰	巳	午	未
乙	酉	申	未	午	巳	辰	卯	寅	丑	子	亥	戌
丙	亥	子	丑	寅	卯	辰	巳	午	未	申	酉	戌
丁	子	亥	戌	酉	申	未	午	巳	辰	卯	寅	丑
戊	亥	子	丑	寅	卯	辰	巳	午	未	申	酉	戌
己	子	亥	戌	酉	申	未	午	巳	辰	卯	寅	丑
庚	寅	卯	辰	巳	午	未	申	酉	戌	亥	子	丑
辛	卯	寅	丑	子	亥	戌	酉	申	未	午	巳	辰
壬	巳	午	未	申	酉	戌	亥	子	丑	寅	卯	辰
癸	午	巳	辰	卯	寅	丑	子	亥	戌	酉	申	未

※ 오행포태

五行	胞	胎	養	生	浴	帶	祿	旺	衰	病	死	墓
木	申	酉	戌	亥	子	丑	寅	卯	辰	巳	午	未
火	亥	子	丑	寅	卯	辰	巳	午	未	申	酉	戌
土	亥	子	丑	寅	卯	辰	巳	午	未	申	酉	戌
金	寅	卯	辰	巳	午	未	申	酉	戌	亥	子	丑
水	巳	午	未	申	酉	戌	亥	子	丑	寅	卯	辰

내친김에 이번 강연에서는 아예 팔자를 세우고자시고 할 필요조차 없는 일장금[1]을 바탕으로 명운을 해석하고 추리하는 간파명운看破命運[2]식 술기에 집중하여 교육하겠다. 예컨대 69년 辛亥생과 76년 丙辰생이 癸未年 한해의 운을 물어왔다고 치자. 이때 명주[3]는 띠의 오행국이 기준이 되는데 신해생은 명주가 木이고, 병진생은 명주가 水다. 미년에 신해생은 묘운墓運에 들고, 병진생은 양운養運에 놓인다[4].

주[1] >

일장금은 달마일장경達磨一掌金, 내지 간명일장금看命

一掌金의 약기로 우리나라에서는 당사주唐四柱라는 명칭으로 바뀌어 민간에 널리 유포됐다. 강의록에서 일장금을 바탕으로 명운을 해석한다고 한 대목은 사주를 당사주식으로 세워 십이운성과 십이신살을 적용하는 술법을 전수한다는 의미를 담는다. 그러니까 만세력을 찾아 따로 팔자를 세울 필요가 없는데 앞으로 전개되는 내용은 팔자를 세워 적용해도 무방하다는 판단이 든다. 그런데 여기서는 통상적인 지지 네 글자의 지지술로 설명되는 일장금의 기법이 아닌 간지를 공히 배합하는 방법을 논하고 있으므로 새로운 술기의 강의를 예고하고 있다.

참고로 당사주 이론의 창시자는 북위北魏 효문제 시대에 서역에서 중국으로 건너와서 선종禪宗의 시대를 개막한 달마대사達磨大師로 알려져 있다. 그가 포교를 위하여 운명을 봐 주는 방법을 선택한 것이 스님들이 신도들의 사주를 봐 주는 풍속을 만들었다고 볼 수도 있다. 그가 창안해서 널리 유포된 사주 학설은 당나라 시대의 승려이자 천문학자였던 일행一行에 의해 문서의 형태로 전해지게 되는데, 현재 문헌으로 남은 책은 간명일장금이고, 여기에는 이 책이 당대에 일행이 전파하고 명대 호씨胡氏가 출판한 것으로 기록되어 있다.

주[2] >

간파명운看破命運은 일장금을 바탕으로 독창적인 이론 체계를 세운 문파 지지술地支術의 텍스트다. 여기에서는 지지 다섯 글자로 사주를 세워 십이성과 십이살의 운용 기법 기본을 주로 다룬다. 이 책과 더불어 향후의 학습 단계인 '오자술五字術-이표신기李豹神技'로 나아가기 전의 기본 학습서가 된다.

주[3] >

삼명三命 고법에서는 태세 연주를 기준으로 연간은 록祿, 연지는 명命, 태세의 납음을 신身으로 보았는데 강의록에서는 연지를 명주命主로 세워 연지의 삼합 오행국으로 주체로 삼고 있다. 그래서 신해는 해묘미 목국의 木이, 병진은 신자진 수국의 水로 각각 목명木命·수명水命으로 정하고 있다. 연지의 삼합 오행국을 기본으로 각 글자의 포태를 적용하는 법은 각 글자의 십이신살을 정하는 것과 같은 이치다. 다시 말해 포태나 십이신살의 적용으로 지지술은 음양 기학 체계의 본질이 되는 쇠왕衰旺을 반영시킨다.

주[4] >

이 대목에서 2009년 신년에 공개될 오자술五字術의 첫 그림이 예고되고 있다. 즉 태세의 간지와 월일시의 세 글자 지지로 전체 다섯 글자를 세워 일장금과 자평명리의 제 법수가 융회된 독창적 술기의 탄생을 이때 이미 암시한 것이다. 천간의 십성을 기준으로 한 포태응용은 오자술에서 집중적으로 설명될 주제로 이 강의록에서는 별달리 자세한 언급이 없다.

이제 십이신살[1]을 말하겠다. 이것의 작용력은 대개 신상과 관련된 직접적 현상으로 나타난다. 세밀한 통변의 묘리는 태세 운간運干을 주동해서 해당 지지를 육신六神[2]을 표출해서 활용하는 데 있다. 먼저 십이신살의 운용의 핵심은 명주 회합으로 동요하는 합국통변[3]에서 비롯된다. 예컨대 겁살은 연살과 반안살로 삼합국을 짜게 된다. 겁살 하나만 헤아리면 대개 신통한 맛을 내기 어렵지만, 겁살과 연살이 조합될 때 혹은 겁살과 반안이 조합될 때는 이 둘의 현상 국면이 전혀 다른 결과로 나타난다는 점에 착안해보라. 대개 전자는 허영에 빠져 겁탈을 당하는 형국에 비유되지만, 후자는 분투하여 큰 성취를 보는 전혀 다른 상황을 상정할 수도 있다.

辛亥 생은 지살에 속하는데 계미년에는 화개와 합국을

짠다. 병진생은 화개인데 대개 미년보다는 자년과 같이 합국을 짜는 장성의 시기에 화개와 장성의 성분이 합작한 현상이 두드러져 발현함을 상정할 수 있다. 다시 말해 화개는 지살이나 장성과 합국을 이루어야만 문명과 예기를 드러낼 수 있다는 얘기다. 이러한 현상을 다른 말로 합작合作이라 표현하고, 합작되지 않은 신살은 작용력이 나타나지 않으므로 보통 때를 기다려야 하는 국면에 놓이는 것이다. 사주[4] 원국에서 화개가 합작된 명은 이미 비범한 재기를 갖춘 것이다.

주[1] >

십이신살十二神煞은 연지의 삼합오행三合五行을 기준으로 오행이 상극되는 글자를 겁살로 시작해서 순환하는 체계를 세운 열두 개의 살성이다.

寅午戌년생 火命 - 劫去亥

申子辰년생 水命 - 劫去巳

巳酉丑년생 金命 - 劫去寅

亥卯未년생 木命 - 劫去申

이상과 같이 명주가 화명火命에 속하면 亥를 겁살劫煞로 시작해서 신살을 붙여 나간다. 순서는 ‘겁,재,천,지,

연,월,망,장,반,역,육,화' 로 다음과 같다.

겁살劫煞 - 재살災煞 - 천살天煞 - 지살地煞 - 연살年煞 - 월살月煞 - 망신亡身煞 - 장성將星煞 - 반안攀鞍煞 - 역마驛馬煞 - 육해六害煞 - 화개살華蓋煞

주[2] >

지지술에서 각 지지의 육신을 표출해서 통변하는 기법은 오자술五字術, '이표신기' 에서 주로 다루는 내용으로 현 단계에서는 따로 언급하지 않고 있다.

※ 십이신살표

生年	겁살	재살	천살	지살	연살	월살	망신	장성	반안	역마	육해	화개
巳酉丑	寅	卯	辰	巳	午	未	申	酉	戌	亥	子	丑
亥卯未	申	酉	戌	亥	子	丑	寅	卯	辰	巳	午	未
申子辰	巳	午	未	申	酉	戌	亥	子	丑	寅	卯	辰
寅午戌	亥	子	丑	寅	卯	辰	巳	午	未	申	酉	戌

주[3] >

합국통변은 삼합통변이라고도 하는데 십이신살 통변의 골자가 된다. 신살론의 실전 기법에서 핵심이 되는 이 부분은 2강에서 본격적으로 강론된다. 신살은 곧 포태를 적용하는 것과 같은 의미로 결국 오행의 쇠왕을 논하는 것이다.

주[4] >

이 책에서 말하는 사주는 보통 팔자가 아닌 지지 네 글자로 이뤄진 '간파명운' 식의 사주명식을 뜻한다. 강의록에서 설명하는 십이신살의 각론은 팔자에 그대로 적용해도 무방한 이론 체계를 갖추고 있지만, 여기서는 일단 간지술이 아닌 지지술에 국한된 기본 운용을 주제로 다루고 있다는 점에 유의하기 바란다. '일장금' 으로 사주를 세우는 법과 십이성의 해석법은 이미 '간파명운' 에서 충분히 설명되고 있는데 사주를 세우는 법에 대해서 여기에 한 번 더 정리해 둔다. 보통 팔자를 세울 때는 한해의 시작으로 절기節氣가 기준되지만, '간파명운' 의 지지술에서는 음력 1월 1일 자시가 띠를 구분하는 기준이 됨을 분명히 서술하고 있다.

※ 사주 세우기

이른바 '육갑六甲을 짚는다'고 해서 손바닥을 펴고 손가락 마디를 출생 연월일시의 순서대로 차례로 짚어 나가는 식이다. 보는 법은 생년의 지지에서 시작해서 남자는 순행하고, 여자는 역행하여 생월, 생일, 생시까지 진행한다.

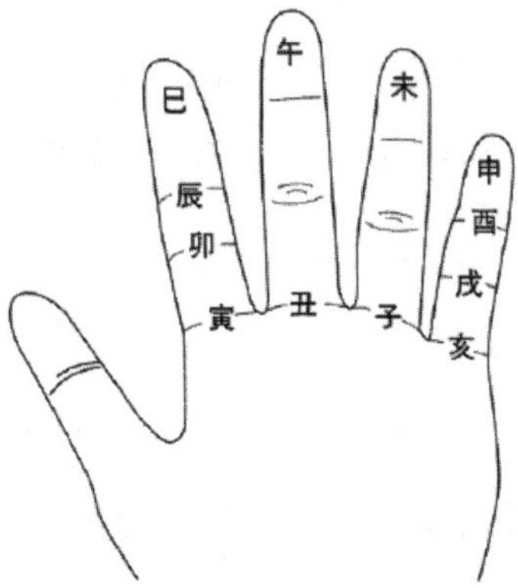

쥐띠는 子, 소띠는 丑, 범띠는 寅과 같이 명주를 세우고, 생월은 정월은 1칸, 2월은 2칸 3월은 3칸과 같은 식으로 진행시킨다. 생일도 1일은 1칸 2일은 2칸 3일은 3칸으로 진행시키는 법이 같다. 생시는 자시는 1칸, 축시는 2칸, 인시는 3칸과 같이 진행한다. 이렇게 세운 각 글자에는 기본적으로 십이성과 십이신살, 십이운성이 배당된다. 이때 십이성은 이미 각 지지별로 고유 천성天星이 배당되지만 십이운성과 십이신살은 위에서 설명한대로 명주 오행에 따라 각 글자별로 정해진다. 십이성은 '귀,액,권,파,간,문,복,역,고,인,예,수' 순으로 '子-천귀성天貴星, 丑-천액성天厄星, 寅-천권성天權星, 卯-천파성天破星, 辰-천간성天奸星, 巳-천문성天文星, 午-천복성天福星, 未-천역성天驛星, 申-천고성天孤星, 酉-천인성天刃星, 戌-천예성天藝星, 亥-천수성天壽星'으로 구분되는데 보통 생시의 글자에 주목한다. 까닭에 생시의 글자가 묘파성이나 유인성에 속하는 것을 특별히 기피한다.

일례로 음력 1969년 4월 9일 오시생의 여자 사주를 세워보면 다음과 같다. 생년 유에서 4월로 역행하면 월은 오가 되고, 오에서 9일 마디 아홉 칸을 역행하면 일은 술이 된다. 술에서 오시는 자시에서 일곱 번째 글자가 되니 일곱 칸을 역행하면 시주는 진에 놓인다. 이상의 네 글자를 좌에서 우로 연월일시 순으로 포국한다.

여자, 69년생

年月日時
酉午戌辰
刃福藝奸
將年攀天
旺浴衰養

이상과 같다. 당사주 실전에서는 이상의 네 글자 외에 생시의 지지를 보조하여 다음과 같이 다섯 글자로 포국하는 방법을 쓰기도 한다.

酉午戌辰
　　　午

➜ 오자술로 사주를 세운다면 위 69년생 곤명坤命은 다음과 같이 포국된다.

己
酉午戌辰
刃福藝奸
將年攀天
旺浴衰養

이와 같이 각 글자의 십이성, 십이살, 십이운성은 그대로 적용되면서 연간 己土의 천간을 더해 종래의 지지술이 아닌 간지술로 변환시킨 게 곧 오자술五字術 기본 골격을 이룬다. 지지술이 간지술로 전환되면 곧 팔자명리의 현란한 기법이 가미됨을 예상할 수 있다. 이를테면 형충회합과 물상포태 등의 학파 고유의 첨단 고급 실기 전반이 적용되는 것인데, 여기에 앞서 십이성과 십이살의 변통과 기본이 되는 법수에 숙달이 전제가 되므로 독자들은 이 책을 통하여 십이부호의 운용 기법에 통달해야 하는 것이다.

십이신살은 곧 십이운성과 연동되므로 이를 염두에 두면 생년월일시를 듣는 즉시 상대의 심리적 구조를 파악할 수 있게 된다. 지지 네 글자에 '겁,재,천,지,연,월,망,장,반,역,육,화' 순으로 배당되는 십이신살에는 같은 순서로 '포,태,양,생,욕,대,록,왕,쇠,병,사,묘'의 십이운성이 정해짐을 알 수 있다. 그러므로 겁살은 곧 절지요, 재살은 태궁, 천살은 양지, 지살은 장생과 같은 식으로 연동해서 기질과 성정 일면을 순간적으로 읽어낼 수 있다. 여기에는 기본적으로 원형이정[1]법을 적용한다. 육친궁을 논할 때는 근묘화실[2]이 기본이다.

주[1] >

원형이정元亨利貞은 보통 만물이 처음 생겨나서 자라고 삶을 이루고 완성되는, 사물의 근본 원리를 말한다. 여기서 원은 만물이 시작되는 봄春에, 형은 만물이 성장하는 여름夏에, 이는 만물이 이루어지는 가을秋에, 정은 만물이 완성되는 겨울冬에 해당된다. 원형이정은 각각 인仁 · 의義 · 예禮 · 지智를 뜻하기도 하는데 연월일시 사주 각 글자에 배당된 십이성과 십이살의 본래적 의미로 초月중日말末년의 운기 대강을 파악한다.

주[2] >

근묘화실根苗花實은 네 글자의 육친궁을 말한다. 명주, 신身과 조상은 근年이고 부모•형제는 묘月, 배우자는 화日, 자식은 실時의 글자가 품는 성신의 뜻으로 파악하는 기법이다.

겁살부터 시작해서 각 신살의 기본 성정부터 파악해보자. 삼합 오행국의 명주에서 정해지는 겁살은 운성으로 예외 없이 포, 즉 절지에 배당된다. 따라서 겁살은 포의 속성을 겸하기 마련이다. 빼앗길 때는 종종 허약하고 무기력하게 당하는 것이다. 이 살은 마치 적장敵將과 같이 두려운 존재로 그 흉조가 커서 다른 말로 대살大煞이라 표현했을 정도다. 연월이 겁살에 속하면 그 천성은 순수하고 담백하다. 논리는 약하고 호기심은 강한 즉흥적인 기질을 품는다. 쉽게 끓고 곧 식어버리는 냄비다. 이 살은 신속한 단절의 속성을 함유하기 때문이다. 남은 보이지 않고 자신에게만 집중하므로 이기심의 전형을 나타낼 때가 많다.

겁살이 연살과 합작하면 허영과 사치에 빠지며 변덕을 부리고 앞뒤를 가리지 못한다. 풍류로 집안에 시끄러운 소리가 난다고 했다. 보통 연상의 상대를 따르고 새로운 상대를 만나면 지난 인연은 쉽게 보낸다. 더러 겁살은 빼앗기는 것이 아닌 남의 것을 탈취하는 노회한 야심으로 표출되기도 한다. 이것은 대개 반안살과 합국을 이뤘기 때문인데 십이성[1]의 속성에 따라 득재得財·득관得官·득명得名의 상황으로 나타난다. 한편 생시에 겁살·절지가 있다면 후손을 보지 못한다는 암시가 강해 자식이 있어도 그 연은 박薄하기 십상이다. 이것은 일단 합작이 되지 않았을 때를 기본 전제로 한다.

주[1] >

십이성과 관련해서는 '간파명운'의 학습이 선행되어야 한다.

재살은 태지에 속하는데 태생적으로 겁이 많고 불안감에 휩싸이기 쉽다. 아기를 잉태하고, 보살피며 나아 길러야 하는 모성으로서의 숙명적 고난을 암시한다. 연월의 재살은 천성이 순진하고 착하므로 타인의 부탁을 잘 들어준다. 거절을 못해 결과적으로는 약속을 이행하지 못하므로 선의의 피해를 입힐 수 있다. 자궁 속에서 보호되는 태아는 타인에게 의지하는 삶의 형태를 예고한다. 지시를 받는 보스를 두게 되고, 고립된 환경에서 모진 훈련과 고통을 감내해야만 하는 운명을 암시한다. 여명은 낙태를 경험하는 재앙이 거의 필연적으로 나타난다.

이 살은 삼합의 중군中軍을 습격해 오는 강도와 같아 행운에서 재살을 만나면 먼저 명예를 손상당하고, 다음으로 일종의 실물수로 나타나기 쉽다. 중군은 장성將星이므로 이를 격하게 하면 관재官災를 당할 가능성이 높다. 연월의 재살은 외外의 자리로 밖에서 실물하고, 일시의 재살은 내內의 자리로 집안에서 주로 분실한다. 인오술 생은 자정경에 잘 당하고, 신자진 생은 정오경에 잘 당하며, 사유축 생은 아침에 당하고, 해묘미 생은 저녁에 당한다고 전해진다. 재살이 육신[1]으로 재에 속하면 처첩과 아버지에게 드는 돈이 적지 않을 것이다. 여명에 관이 재살에 해당하면 남편으로 인한 손재를 암시한다.

주[1] >

지지술의 원명에서 육신을 표출할 때는 우선 연지 오행을 기준으로 정한다. 이를테면 뱀띠 생일 경우 火를 기준하여 각 글자의 비식재관인比食財官印, 육신을 배정한다.

천살은 양지로 대개의 낙천적 기질은 이 살에서 연유한다. 태아가 잘 양육되어 만삭이 된 상태로 곧 탄생을 앞두고 있으므로 필연적으로 보금자리를 떠나야 한다. 고향과 혈육의 분리다. 양지는 상속의 별로 장자나 양자로 상속의 수혜를 입는다. 이 살은 삼합국의 수위 글자 앞의 글자로 조상, (신)영계, 전조, 예감 등을 뜻하여 이 글자를 충沖[1]하면 가내의 어른이나 상사, 조직이나 직장 등에서 불편한 상황을 겪게 된다. 천살에 자극을 가하면 집안이 시끄럽고, 일이 잘 풀리지 않으며 진단과 증명이 되지 않는 사고가 발생할 우려가 있어 이를 천형天刑이라 했다.

진술축미 사고의 글자는 명국에 천살과 월살이 동시에 나타날 때가 가장 불리하기 쉽다. 천살이 망신살과 합작하면 정신이 혼란스럽고, 결단을 내리지 못하는 상황에 봉착할 때가 있다. 이때 이전이나 변동사는 좋은 결과를 가져오는 법이 없다. 대개 가솔을 흩어지게 하고 조직 내에서는 상사와 의사가 맞지 않는다.

주[1] >

천살의 충은 辰戌沖, 丑未沖에서 나타나는데 상대 글자는 반안이다. 이때 월살이 개입되면 주변 정황이 매우 불리하게 되는 점을 본문은 강조하고 있다. 입고入庫 현상을 동반하는 까닭이다.

지살은 장생으로 새로운 환경과 시작을 의미하며, 이른바 귀인으로 불리는 보호자와 후견인을 만나게 된다. 지살을 소유한 이가 인덕을 외면하고 독립을 꾀하면 대개 실패다. 독보하기에는 부족함이 많다는 얘기다. 이 살은 삼합국의 첫 글자니 선두에 선 장수와 군마軍馬에 비유되어 시발始發이요, 새로운 일의 초석을 의미한다. 다시 말해 계획의 실행을 촉구하는 격인데, 인수가 지살이면 학문·문서 등의 글자로 관살은 직업, 재는 재산, 식상은 부하, 비겁은 형세의 변화를 기획하게 된다. 그러므로 지살이 많으면 일생에 걸쳐 변동과 변화가 무쌍해진다. 연월의 지살은 초·중년에, 일시에 지살은 중년 이후부터 말년까지 가택의 변화가 많음을 암시한다.

지살은 가가호호를 방문하는 격이라 많은 사람을 고객으로 확보하는 업에 종사하는 이들이 많고 주거지의 변동이 심한 편이다. 쓸데없이 분주다사한 경향을 띠기도 한다. 안정감을 잃었으므로 일지 지살은 부부궁이 온전하지 않음을 시사한다. 여명의 지살은 남편을 밀어내며 불화를 야기하여 별거와 생사별을 야기하는 요소가 된다.

지살은 역마와 다른 점이 있다. 이것은 수위의 글자라 지위가 높은 사람에 해당하고, 단독으로 출행하기보다는 비서나 시녀侍女를 대동할 때가 많다. 이 시녀는 연살에 속하는데 사주에 지살과 연살, 둘을 갖추면 귀한 신분과 풍류를 상징[1]하는 요소가 되기도 한다. 까닭에 여비서나 가정부를 두는 명은 지살과 연살의 동주에 연유하는 경우가 많다. 이에 비해 역마는 갑옷과 말안장의 반안攀鞍만 있으면 출발이다. 이때 마부馬夫가 되는 육해六害를 보면 보통 기사를 두게 된다.

주[1] >

사주에 천살과 지살, 연살이 모두 있으면 임금上帝이 군마와 시녀를 거느리고 출행하는 상으로 부귀한 자로 간주한다.

연살은 목욕으로 벌거숭이 어린아이와 같은 것이다. 부끄러움을 모르고, 수치심이 없다. 이게 곧 도화桃花다. 유행에 민감하며 멋을 부린다. 유시무종에 산만한 특징이 있으며 오래가지 못하고 수시로 변한다. 세상물정을 전혀 모르고 사리에 어두운데도 기분과 감정만으로 겁 없이 덤비는 천방지축과 같아 욕패浴敗다. 이 살은 삼합의 중군과 자오묘유의 파破가 되는 글자 조합으로 풍기문란과 연회 등의 현상으로 나타난다.

명주가 인신사해로 도화를 보면 두 글자의 관계에 국한할 때 양인陽刃[1]이 곧 도화가 된다. 이때는 도화의 성정이 공교롭고 능수능란하며 급하면서도 참을성이 있다. 풍류를 즐기고 애정이 풍부하며 용모가 준수하다. 자오묘유 생은 도화의 글자가 인수의 성분을 띠게 되므로 대개 자비가 있고 임기응변의 연기가 뛰어나다. 水 도화는 요염妖艶, 음란淫亂, 간사奸邪, 음사淫事의 전형이다. 木 도화는 보통 미색으로 사교에 능하다. 火 도화는 화술이 능하고 모사에 뛰어나다. 金 도화는 이재에 수완이 있고 정치상의 책략에 능한 편이다.

도화 공망은 점복占卜과 연관이 깊고 신병을 앓아 본다. 도화는 특히 건강[2]과 관계가 깊다. 집중해보자. 인오술의 오는 묘에서 병이 든다. 신자진의 자는 유에서 병든다. 사유축의 유는 오에서 병들고 해묘미의 묘는 자에서 병든다. 자, 이렇게 삼합의 중군은 도화를 만나 병이 든다. 각각의 두 글자 포태 관계를 살피면 일방은 병지로 일방은 장생으로 나타난다. 여기에 파운破運이 되면 오히려 질병이 개선되고 치료되는 현상이 나타나는 근거가 있다. 卯는 子에서 병들지만, 子는 卯에서 생을 얻는다. 이것은 육해가 야기하는 긍정적인 요소 중의 하나다. 인수와 상관이 도화면 예술, 공작의 별로 구분한다. 사주에 도화가 있으면 대개 재기가 높고 총명과 현숙함이 외모에 풍기면서도 풍류에는 속히 응한다.

주[1] >

신살괄요' 에는 일간을 위주로 하여 신살을 붙이는 방법에 대한 언급이 있다. 이를테면 壬日의 역마는 寅이고, 도화는 子로 보는 식이다. 즉 亥年 生도 마찬가지다.

주[2] >

'명리물상실전57초' 에는 자오묘유 도화와 관련 현침욕사懸針浴死와 검난劍難에 대한 설명이 있다. 여기에는 수술과 의약, 질병 등의 현상을 야기하는 상황을 잘 정리해서 묘사하고 있다.

월살은 관대와 부합된다. 관대는 육체적으로는 성숙했으나 관록과 정신적 측면에서 미완의 상태다. 한 마디로 융통성이 없다는 뜻이다. 인정이나 동정, 관용이나 자비가 부족하고 아집我執과 고집이 세다. 대략 시기와 질투가 심하고 대립과 반목이 강해 적대관계의 적이 많다. 유용무모有

勇無謀인데 꺾여도 다시 일어서는 힘찬 기운이 있다. 유아독존의 기상을 품지만 월살이 형충刑沖으로 열리면 대개 좋지 못한 결과를 보기 십상이다. 입묘 현상을 야기하는 까닭이다.

이 살은 삼합의 말미를 충격하는 글자로 보급補給을 막으니 군신君臣 간을 막아 다된 일을 좌절시키는 불리함이 있다. 또 이 살은 삼합 수위의 글자와 격각隔角[2]이 되어 진격하는 군대의 앞을 가로막는 성벽이나 강물과 같으니 이래저래 장애障碍가 되는 것이다. 중단수의 발동이다. 그러므로 기대했던 시험의 낙방, 승진의 좌절과 같은 결과가 오기 쉽다. 생방, 인신사해 생은 월살이 격각이다. 사패, 자오묘유 생은 역마가 격각이다. 사고, 진술축미 생은 재살이 격각이다. 이와 같이 사주에 월살과 재살, 역마가 있을 때는 먼저 격각의 성립 여부부터 살펴야 마땅하다.

주[1] >

입묘 이론은 '간파명운'에서 무겁게 다루는 주제다. '팔자입문(Bazi Primer) IV-생왕사절'과 '명리물상실전57초'의 해당 내용을 참고하면 한결 이해가 용이하다.

주[2] >

삼합을 충하는 모든 글자는 격각隔角이 성립되니 이

간, 방해를 암시한다. 특히 월살은 삼합국의 수위 글자와 중군의 두 글자와 모두 격각이 성립되어 진행하는 일의 중단을 암시한다.

망신은 건록이다. 록은 성숙한 단계에 이르러 자립과 독립을 상징함과 동시에 자수성가하므로 자연 인덕과 육친의 덕은 박하게 작용하기 쉽다. 이 살은 장성將星의 앞에서 겁살, 적장과 대항하니 불가피한 구설, 시비, 설전과 쟁투가 발생한다. 사주에 겁살이 있고 유년流年에서 망신이 침범하는 것보다 망신이 있으면서 겁살이 침범하는 게 더욱 소란스럽다. 사건·사고가 발생한다는 얘기다. 이때는 관리가 소홀한 틈을 타 외부로 유실되는 손모의 상황을 야기한다.

겁살과 망신의 충은 각각 합작된 연결 고리를 끊어 내는 충분沖分[1]의 상황으로 야기하여 대개 얻는 것보다 잃는 것이 많다. 충분이 아닌 합작은 일단 명랑한 기운을 북돋운다. 건록이 합작하면 재원을 확보하는 긍정적인 작용이 나타난다. 겁살이나 망신이 합작하지 못하면 한 점 귀기를 찾기 힘들므로 많은 연예인 가운데 뒷전에서 노는 무희舞姬로 그치고 마는 식이다.

인신사해 생이 망신을 만나면 병이 든다. 예컨대 뱀띠 생의 망신은 申이다. 巳는 申에서 병지에 놓인다. 이것은 분주히 움직여봐야 먹을 것이 적다는 얘기다. 자오묘유 생이 망신을 보면 제왕에 속한다. 이때는 망신의 합작이 발전하는 양상을 띠기 마련이다. 진술축미 생의 망신은 모두 입묘에 속한다. 이때 사고의 글자가 형충되는 상황에 봉착하면 종내 잃는 것이 적지 않을 것이다.

주[1] >

합작과 충분은 신살 운영 체제의 키워드라 할 수 있다. '간파명운' 에서 심도깊이 다루고 있다. 사생의 글자는 충을 두려워한다. 합작 상태를 충분으로 무력하게 만들기 때문이다. 반면 사패의 충은 왕지의 충격으로 인해 합작을 더욱 공고히 하는 반대의 작용을 한다. 사고의 충은 먼저 합작으로 동했다가 입고 현상을 야기하므로 길변흉吉變凶의 상황 반전을 가져올 때가 많다.

장성은 제왕이다. 일시의 장성은 능소능대하며 능률적인 탁월한 인사임을 뜻한다. 양인의 특장은 완전히 무르익어 속이 꽉 차서 머리를 숙이는 것이다. 반면 건록은 권능을 위주로 만인 앞에 권위를 과시하는 경향이 있다. 대사는 이루나 잔일은 잘 풀지 못한다. 이 사람은 좌절과 체념이 없고 끈기로 대성한다. 보통 장성이 합작하는 시점에는 시작한 일을 끝내고 만다. 다만 장성이 야기하는 부정적인 결과는 인합자[1]로 유인되는 진술축미의 글자가 명국에 존재하는 사고의 글자를 형충刑沖하여 해당 오행 글자를 입고시키는 국면에서 찾을 수 있다. 까닭에 장성을 살릴 때는 허자와의 관계를 고려하지 않으면 안 된다.

장성은 신살 중에 가장 뚜렷한 길성의 지위를 갖추지만, 이것은 대개 인신사해, 사생의 글자 관계에 국한된다. 자오묘유 생이 장성을 만나면 같은 글자가 겹치는 범중犯重[2]의 상황을 야기하여 동착同着의 불리한 현상을 피해가기 어렵다. 망신과 마찬가지로 진술축미 생의 장성 또한 모두 입묘되는 오행 관계를 이룬다. 먼저 좋았다가 결과가 신통찮은 한해의 상황은 거개 사고의 형충[3]으로 인한 입고 현상과 관련이 깊다.

주[1] >

인합자引合字는 허자虛字의 일종으로 가령 巳年生이 酉의 장성을 보면 자연 끌어오는 丑의 글자를 말한다.

주[2] >

범중이란 사주의 같은 글자가 겹치는 현상을 말하는 것으로 동착과 같은 의미다. 범중은 먼저 합작을 유도하고, 십이성의 의미 반전을 꾀하는 작용력을 갖춘다. '간파명운'에 범중과 관계된 자세한 설명이 있다.

주[3] >

진술축미 사고의 형충은 먼저 형충되는 사고의 글자를 동하게 하여 해당 글자의 합작을 도모하는 반짝 효과를 나타낸다. 다음으로 입묘 현상을 야기하여 시작에 비해 초라한 결과를 보기 쉬운데, 연지의 명주가 입고되는 상황을 가장 꺼린다. 또 원형이정법에 따라 사고의 글자는 가급적 연월에 있는 것이 일시에 있는 것보다 유리하다. 이것은 마치 일찍 터널에 들었다가 일정 시간이 경과한 후 빠져나오는 식으로 물상 대체의 효과를 보는 측면에서 한결 낫다. 생시에 사고의 글자가 있고 이것이 형충되는 유년에 명주가 입고되는 유형의 사주는 대개 매년의 말미에 고립되는 처지에 놓이기 쉽다.

반안은 쇠지에 속하여 여유를 가지고 조용히 물러서서 노련하게 실속을 차리는 것이다. 반안은 장성을 보필하는 글자로 출사에 없어서는 안 될 중요한 글자다. 비유컨대 갑옷甲衣, 안장, 비서실과 같다. 반안은 장성과 함께 하면 어떤 사건도 두려워하지 않는다. 동시에 장성이 형충으로 무력해지면 효용이 감소된다.

이 살은 대개 화개華蓋와는 불편한 관계에 놓이기 쉽다. 사고의 형충 관계가 성립되기 쉬운 까닭이다. 인오술 생은

미가 반안이요, 술이 화개라 술미가 형한다. 신자진 생은 축이 반안이요, 진이 화개라 축진이 파한다. 사유축 생은 술이 반안이요, 축이 화개라 술축이 형한다. 해묘미 생은 진이 반안이요, 미가 화개라 진미가 파한다. 파는 형과 달리 사고 글자의 직접적인 개고 현상을 야기하지 않는다. 다만 행운에서 형충되는 사고의 글자를 만나게 되면 입고 현상의 불리함을 피해가기 어려우므로 사주에는 장성이나 화개 하나만 갖추는 게 좋다. 이것은 천살이나 월살도 예외가 아니다.

반안과 장성, 역마를 다 갖추면 사주는 귀격에 든다. 역마는 반안을 기뻐한다. 반면 반안이 빠진 장성은 기피한다. 더욱이 장성이 겹치고 역마가 외로우면 고생이 많은 하격으로 전락하기 일쑤다. 반안은 겁살과 연살 모두가 합작하기 바라는 성분으로 영광을 상징한다. 다만 반안의 글자와 형충되는 상황이 발생하면 거품은 빠지기 마련이다.

역마는 병지에 놓여 어딘가 병적인 성향을 띠기 쉽다. 다정다감하고 고독을 싫어하며 하찮은 일에도 신경을 곤두세우고 화를 내는가 하면 서러워하고 신경질적이다. 사주에 역마가 있으면 희로애락의 감정 기복이 뚜렷하게 구분되는 경우가 많다. 또 자주 싫증을 느끼고 변화를 도모하여 안정감이 결여된다. 역마는 삼합국의 수위 글자를 충沖

하니 변동, 전환을 암시한다. 자오묘유 생에게는 상문喪門으로 작용하여 하는 일에 걸림돌과 같다.

화개와의 관계도 불편하다. 역마는 지살과 화개의 합작을 방해하는 요소가 되기 때문이다. 까닭에 진술축미 생 또한 역마 자체를 반기는 경우는 드물다. 망신과 역마가 겹치면 관액으로 놀라고, 불안한 심사가 되기 쉽다. 망신은 역마를 생하지만 역마를 망신을 병들게 하는 까닭이다. 예컨대 범띠 생의 역마는 申이고 망신은 巳다. 申은 巳에서 장생이지만, 巳는 申에서 병지에 든다. 사생의 글자 조합은 모두 이와 같다. 그런데 병지에 든 글자가 형충을 당하면 형액이 미친다[1]고 했다.

주[1] >

사생의 형충에서 병지에 속하는 글자의 육신에 형액이 미칠 공산이 크다. '명리물상실전57초'에서 말한 병자형액病者刑厄이다.

역마가 공망[1]되면 휴마休馬에 불과하다. 역마가 귀인[2]이면 병마절도사兵馬節度使의 격이다. 사주에 삼합의 글자가 모두 있으면서 역마가 나타나면 그것을 색마色馬라 한다. 장성이 둘 혹은 셋이면서 역마의 한 글자가 있으면 다리가 상한 중절마中絶馬가 되어 중도의 사고수를 강하게 암시한다. 이를테면 子子가 寅을 보거나, 酉酉가 亥를 보는 경우다. 식상과 인수의 역마는 유학, 교육지재다. 금마金馬는 자동차와 열차, 수마水馬는 배, 목마木馬는 우마차, 화마火馬는 항공기, 토마土馬는 중장비에 비유되곤 한다.

주[1] >

공망空亡은 태세의 간지, 육갑을 기준으로 순중 공망의 글자를 적용한다. 공망법은 귀인설과 함께 '이표신기'의 오자술五字術에서 중요하게 다루는 테마 중의 하나다. 귀인과 공망은 공히 연주의 태세 갑자에 의해 표출되므로 지지술의 범주를 넘은 간지술의 영역에서 다루는 재료인 까닭이다.

※공망표

육십갑자										공망
갑자	을축	병인	정묘	무진	기사	경오	신미	임신	계유	술해
갑술	을해	병자	정축	무인	기묘	경진	신사	임오	계미	신유
갑신	을유	병술	정해	무자	기축	경인	신묘	임진	계사	오미
갑오	을미	병신	정유	무술	기해	경자	신축	임인	계묘	진사
갑진	을사	병오	정미	무신	기유	경술	신해	임자	계축	인묘
갑인	을묘	병진	정사	무오	기미	경신	신유	임술	계해	자축

주[2] >

천을귀인天乙貴人은 '신살괄요'에서 간지干支와 결부되어 팔자의 중화를 도모하는 특별한 길성으로 설명된다. 통상적으로 귀인은 합을 반기고, 형충과 공망을 꺼리며 제 살성의 흉력을 감소시키는 것으로 알려졌다. 일종의 전화위복, 궁즉통과 같은 암시를 지닌다. '이표신기'에서 귀인은 연주 태세의 천간을 주동하여 정한다. 귀인의 글자는 다음과 같다.

甲戊庚牛羊, 乙己鼠猴鄕, 丙丁豬雞位, 壬癸兎蛇藏, 六辛逢虎馬

육해는 사지에 놓인다. 그러니 육체적인 노동 보다는 정신적인 분야가 적합한 것이다. 보통 학술과 예기에 소질이 있고, 독창적인 창작은 어려우나 전통적인 지식을 연구하고 답습하는 데는 능하다고 볼 수 있다. 이 살은 도화와 충沖이 되는데 춤추는 무녀巫女와 다투는 격이니 병부病符라 해서 병신病神을 유발한다고 했다. 그래서인지 육해가 사주에 많으면 치유가 어려운 병에 걸린다고 전해진다. 사주에 자오묘유, 사패의 글자가 사수四數의 관계에 놓이면서 포태로 병지에 해당하는 글자가 육해에 놓이면 불리한 의미가 가중된다. 육해는 수水에 있으면 정신이상, 목木에 있으면 신경계통, 화火에 있으면 기관지, 금金에 있으면 풍질風疾로 나타나기 쉽다고 했다.

육해는 천살과 합국을 이루므로 수월하게 다루기 힘든 아랫사람과 같다. 사주에 육해가 겹치면 마치 부리기 힘든 기사와 같아 성질이 투박스럽고, 변덕스러우며 발칙한 언행을 하는 경우가 많다. 천살의 절대자와 합작하니 한 마디로 끗발이 센 것이다. 행동은 민첩하나 신중치는 않다. 행운에서 육해가 합작되면 승부욕이 앞서 억지가 반 벌충인 격이다. 안정감은 결여되고, 속전속결하려는 심사가 강해진다. 자립심은 약화되고 기대는 성향을 띠게 되며 문득 황폐해진 자신의 삶을 자조하곤 한다.

화개는 묘지로 화려함을 덮고 절제·자숙한다는 암시다. 호중자壺中子가 말했다. 화개는 예술의 별이며 주로 고孤하다는 것이다. 그래서 아트가 쉬운 게 아니다. 고독이 영감으로 가는 유일한 통로 아닌가. 금고金庫와 같아 검소하고 절약하며 사치하는 목욕沐浴과는 대조적 성정을 띤다. 일반적으로 고독하며 辰과 戌의 화개가 특히 더하다. 진과 술은 육도[1] 수라修羅의 영역에 속하기 때문이다. 이 살은 삼합국의 말미로 수위의 글자는 계획이요, 중군은 지도자며, 말미는 뒤처리를 뜻하니 참모와 같다. 한 마디로 재기가 있는 자다.

화개가 월살과 형충되면 동분서주하나 마지막에 애로가 나타나기 쉽다. 화개가 인수면 문장이 뛰어나다. 화개가 칠살로 명주와 합작하는 구조의 여명은 남편이 구도자거나 아니면 성직자와 정통하는 수가 있다. 화개가 범중하면 머리가 비상해도 현실에서는 무능하고 나태하기 쉽다. 화개는 장성과의 합작으로 그 재능과 이름을 떨치게 된다.

주[1] >

십이성의 육도六道 구분은 '간파명운'에서 언급된 내용이다.

2강

구맹주산狗猛酒酸이란 말이 있다. '개가 사나우면 술이 쉰다'는 뜻인데 까닭인즉슨 이렇다. 춘추시대 송나라에 술을 만들어 파는 사람이 있었다. 술 맛도 일품이고, 양도 속이지 않았으며 늘 밝고 친절한 얼굴로 손님을 대했다. 그런데도 장사가 영 안됐다. 도무지 이유를 몰라 그는 마을 노인에게 지혜를 구했다. 노인이 말하길, 댁의 개가 너무 사납기 때문이라 답했다. 한비자에 나오는 얘기다. 개가 엄청 사나웠던 모양이다. 사람을 만나러 가는 주막에 개가 사나우면 그 술집을 찾지 않고, 그러다 보면 술이 쉬어빠지게 마련이다. 술이 쉬어터지다 보니 술을 찾는 사람은 점점 끊어진다. 사람을 모으기 위해 술을 담갔고 술이 맛있게 익었는데, 사람이 찾지 않는다. 알고 보니 문제는 늘 주막집 개였다.

지난 3년 동안 애퓨의 부사장이 세 번이나 바뀌었다. 좀 흉측스런 표현이지만, 돌이켜보면 그들은 늘 사나운 개라는 공격을 받았다. 아이러니하게도 전임을 사나운 개라고 헐뜯는 인사들이 다음의 부사장에 올랐다. 하나 다행으로 생각하는 것은 단 내가 부사장을 직접 퇴직시킨 적은 없었다는 점을 위안으로 삼고 있다. 솔직히 나는 지금 지난 인연들이 좀 그립다. 세간의 사람들은 주모에게 개를 쫓아내라고 충고하지만, 명리가의 입장에서 보면 좀 씁쓸한 얘기가 된다.

한 칼럼에 어느 경영컨설턴트가 구맹주산을 인용하며 "훈련받지 않은 직원을 고객의 최접점에 배치하는 것은 테러리스트를 앞장세워 고객을 협박하는 것과 다름없다"란 사족을 덧붙였다. 이런 글을 읽으면 긴장감이 들기보다는 좀 씁쓸해진다. 나는 훈련받지 않는 직원보다 그 컨설턴트가 더 사나운 개 같은 기분이 들었다. 사실 우리 집 개가 사나운 것을 내가 전혀 모르는 바도 아니다. 그래도 돌아보면 이 개가 강아지 때는 참 귀여웠다. 지금은 몹시 사납지만, 가만 두면 혹간 제 풀에 꺾일 때도 더러 있다. 또 언젠가는 스스로 집을 나갈 때가 돌아온다. 그러니까 세상사는 그렇게 가만 놔둬도 된다. 영 개가 거슬리면 간혹 오가는 길에 건빵도 던져 주고 그러면 확연히 덜 짖는 개로 변모할지도 모른다.

사실 제일 어리석은 건 무엇이든 남의 말을 그대로 듣고 무조건 실천하는 것이다. 어차피 개는 필요하다. 기특하게도 주인에게는 본질적인 충성심을 갖추고 있다. 사실 내가 무심해서 그렇지, 그 사나운 개가 얼마나 많은 공을 세웠는지도 모를 일이다. 알게 모르게 얼쩡거리는 좀도둑도 많이 쫓아 냈을 것이다. 당장 눈에 보이는 손실과 피해에만 집착해서도 안 된다는 얘기다.

나는 다른 것은 몰라도 인연만은 그냥 가져가는 게 옳다고 생각한다. 어차피 겪을 건 겪기 마련이라 발상하는 이들이 명리가다. 맛있는 술이 팔리지 않고 시는 이유가 비단 사나운 개에게만 있는 게 아니라, 실은 시운時運이 돕지 않았다고 생각하는 게 옳다. 불운을 실감할 때 타인을 원망치 않고 오히려 상대를 감싸는 마음의 도량을 갖춘다면 곧 보살과 다름이 없다. 귀여운 개를 사납게 만든 것도 바로 주인이었다. '내 탓이오!" 이러면 한층 세상과 밝게 통한다. 온갖 고통과 수모를 안겨 주는 상대야 말로 깨침의 자극을 주는 구원자와 같다. 사나운 개조차도 선지식으로 받아들이게 되면 마음의 평화를 얻는다.

미국의 신학자, 벌루가 말했다. 증오는 자책이다 Hatred is self-punishment. 나폴레옹이 말했다. 진실한 사람은 누구도 미워하지 않는다 A true man hates no one. 사나운 개 얘기를 꺼낸 김에 또 하나의 비유로 마무리를 짓겠다. 이제까지 우리는 십이신살을 공부하며 명주의 주체를 삼합 오행국으로 세우는 것에 대해 보다 익숙해졌다. 즉 신과 자, 진은 삼위일체로 움직인다는 사상을 은연중에 굳히게 되었는데 거창하게는 천지인의 결합이요, 육친에 비유하면 아버지와 나, 아들과의 관계 같은 것이다. 나에게는 아버지와 아들이 한 몸같이 소중한데 사나운 개는 애석하게도 거기에 끼어들지 못한다. 내가 당장 먹고살려면 가게 문을 열고 손님을 받아야 한다. 나와 가게, 손님이 일체가 되면 대박은 아니더라도 먹고사는 데 지장이 없다. 사나운 개는 먹고사는 문제의 최대 걸림돌이다. 앙증맞은 강아지 이름이 바로 격각이다. 삼합의 세 글자는 장성이 되는 오행 본기의 글자를 중심으로 각각 전후 5위에 걸쳐 포진하고 있다. 까닭에 그 사이에서 합을 방해하는 글자가 딱 중간에 끼어 있는 전후 3위의 글자가 된다.

앞 시간에 내가 월살을 설명하며 이격의 중단, 장애수를 논했다. 그렇다. 격각, 이게 고타분한 별 것 아닌 신살의 하나같지만 실상에서는 보통 애를 먹이는 게 아니다. 격각이 곧 구맹이다. 휴유증의 골이 꽤 깊은 것이다. 이때는 사나운 개를 내쫓거나 매달아 죽여야만 먹고사는 문제가 해결됨을 암시한다. 그러나 이러한 일이 자의에 의해 신속하게 처리될 상황이라면 굳이 격각의 흉폐를 강조할 필요조차 없었을 것이다. 격각의 글자는 예외 없이 신살로는 월살과 재살, 역마의 합국에 속한다.

다시 말해 격각의 글자가 합작되는 바를 가장 꺼리게 된다. 특히 월살과 재살의 합작은 터전의 상실로 불우해지거나, 사방이 막힌 절대 고독을 암시하는 요인이 된다. 이때 역마가 합작하면 변화를 가져오는데 사고의 글자가 속하는 월살이 형충되면 육친의 입고 현상이 자연적으로 나타나기 쉽다. 그래서 격각은 상문조객喪門弔客이 되는 것이다.

현장에서 펼치는 술기는 쉽고 간단하게 접근할수록 효용이 커진다. 문하들이 방대한 자평 명리의 바다를 모두 섭렵하고, 온갖 첨단 기법을 터득하도록 독려하는 것은 오랜 숙련과 복기를 통하여 스스로의 명을 관조하라는 뜻이지, 타인의 명을 추리할 때 고도의 팔자술을 펼치라는 뜻이 아니다. 그게 실은 아직 덜 야물어서 오판할 가능성이 더 높다는 얘기다. 소위 비법이나 비급이라는 것이 싸구려마냥 여기저기 떠도는 게 아니어서 부나비처럼 찾아 헤맨다고 해서 얻어지는 게 아니다. 그렇다고 해서 모양을 감추고 손이 닫을 수 없는 곳에 존재하는 것도 아니다. 진리는 항상 일반에서 구하는 것이다.

그래서 특별한 비법을 한 마디로 정의한다면 '몹시 간단하고, 별달리 모순이 없는' 기술이라고 볼 수 있다. 간단히 말해 유년의 지지가 격각에 해당하면 상대는 주변 상황이 엉클어져 정리되지 않는 복잡한 시기를 맞이하고 있다고 보면 틀림이 없다. 중단수의 발동이다. 이는 마치 첨병과 본대, 병참의 통신망이 가동되지 않는 것과 같다.

민간에 삼살三煞을 흉하게 여겼다. 겁살, 재살, 세살歲煞을 삼살이라 하는데 세살은 천살을 말한다. 또 삼재三災가 있다. 삼합국의 첫 글자를 충沖하는 해로부터 내리 3년간을 말한다. 즉 역마, 육해, 화개에 해당한다. 이렇게 합국 오행을 자극하는 운기를 크게 꺼렸던 것이다. 그런데 이들은 더러는 맞고 또 종종 빗나가므로 학자연한 이들은 삼살과 삼재를 무시하기 일쑤다. 이것은 잘 몰라서 하는 얘기다. 사주에 적용하는 법을 모르고 궁리하지 않았기 때문이다.

어쨌거나 삼살이나 삼재의 각 글자는 삼합국 세 곳의 진영 가운데 하나를 습격한 셈이 된다. 그렇다면 무엇인가 하나를 탈취당하는 현상을 불러 오기 쉽다. 그런데 보통 이렇게 하나의 글자를 충격하면 삼합국의 세 글자는 긴장하게 된다. 한곳에 문제가 발생하면 둘이 힘을 모아 역할을 대신한다. 만일 충격당한 글자가 팔자에 합작을 짓는 이격된 글자를 보게 되면 즉시 구원을 청하므로 이때는 오히려 발전하기 쉽다. 이런 관계를 구생求生이라 표현한다.

보통 특별한 구조가 아닌 이상 삼합국의 한 글자가 다치면 일종의 손실이나 손재수를 겪는 것으로 때우고, 시간을 기다려 회복을 꾀하게 된다. 예를 들어 돼지띠 생이 생시에서 卯를 보았다고 치자. 이를 巳年에 충해 오면 역마요, 들삼재가 된다. 이때 지살 亥는 장성과 합작하여 끝물에는 오히려 위권을 떨치기도 한다. 또 사주 전국에 걸쳐 亥로만 이루어져 있다 치자. 이 사람은 곧 子時라는 얘기인데 그렇다면 명국이 모두 지살과 연살로 이뤄진 셈이다.

앞에서 삼합 수위 글자의 지살은 시녀를 대동하고 움직인다고 했다. 여기에 삼살의 하나인 申年 겁살이나 혹은 역마가 되는 巳年이 도래했다 치자. 이때 삼살이나 삼재는 亥를 충격하여 일종의 손실수를 야기한다. 반면 왕자 亥水는 충격으로 분발하여 장성과 합작하는 기운을 떨치게 된다. 이와 같이 형충의 자극이 분발심을 일으켜 발전의 동기가 되는 사주 구조가 있는 반면 반대의 경우가 있다.

예컨대 뱀띠 생으로 사주에 巳와 亥가 충이 되어 있다 치자. 이 사람이 역마 亥年을 만나면 삼합국의 수위 글자이자, 명주 巳가 심대하게 손실을 입는다. 이때 사주에 장성의 글자가 되는 酉가 이격되어 있다면 상처를 입고 훈장을 다는 격으로 지살과 장성이 합작하는 위권을 드러낼 수도 있다. 이미 사주에 巳酉 합국이 형성되어 있었다면 충으로 인해 합작이 분리되어 손모다. 그러나 酉가 없다면 암암리에 중군中軍과 보급대가 합하여 지원해도 꽤 깊은 상처를 입은 형국이기 쉽다. 게다가 겹쳐진 亥水 역마는 범중[1]으로 卯와 암합한다. 역마와 재살의 합작이 되니 명주는 불운을 실감하기 쉽다.

주[1] >

형충과 범중은 합작의 동기가 되어 긍정적은 효과를 볼 때가 많다. '간파명운'의 '합작과 충분' 편에 잘 설명되어 있다.

신살 중에 가장 두려운 건 월살이다. 월살, 격각은 거대한 성벽과 같아 삼합국의 수위 글자와 중간 글자를 분리시켜 이간시키고, 말미 글자는 충격한다. 이러면 손을 쓸 수 없을 정도의 지경으로 몰고 가는 잔인한 계절을 부를 가능성이 높아진다. 삼합국 오행이 아닌 연지, 띠 자체를 주동하여 전후로 각 3위[1]씩에 자리 잡은 글자가 조객·상문이 된다. 인신사해 생은 재살과 월살, 자오묘유 생은 월살과 역마, 진술축미 생은 역마와 재살이 조객·상문이 된다.

예컨대 인년 생이 월살 진을 보았다 치자. 본진과 떨어진 선봉대가 고립된 격이다. 어차피 후방의 적에 포위에 가로막힌 인은 본대인 오와는 합치기 어렵다. 이럴 때면 앞으로 산을 돌아나가 지원군인 술이라도 만나야 살 길을 찾을 수 있다. 그런데 재살 자가 있다면 게임이 끝난 것이다. 사방이 막힌 격이다.

나폴레옹이 말했다. “내 비장의 무기는 아직 손 안에 있다. 그것은 희망이다.” 그가 엘바 섬을 탈출할 때만 해도 ‘불가능이 없다’는 말이 통했다. 인간은 인내하는 데서 운명이 좌우되고, 성공이 따르게 된다. '살인마가 소굴에서 탈출'한 사건은 괴수에서 괴물, 폭군, 약탈자로 시시각각 변하는 신문기사의 헤드라인을 장식하며 끝내는 '황제 퐁텐블로에 도착하시다'로 극적인 재기에 성공했다. 사실 이때부터가 나폴레옹 시대의 하이라이트였다. 엘바 섬 탈출은 실은 열강들의 이해관계에 따라 한쪽의 통로를 터주었기 때문에 가능했던 일이다. 하지만 세인트헬레나 섬에 생애 마지막으로 유배된 때는 사정이 달랐다. “나의 실패와 몰락에 대하여 책망할 사람은 나 자신밖에는 아무도 없다.” 이런 말은 남길 필요가 없었다.

결론적으로 그는 충분히 멋졌고 누구나 맞이하는 종말은 그 정체가 다 같은 것이다. 여기 학생들, 자책은 금물. 삼위일체의 하나를 잃으면 남은 둘이 의지할 수 있으나, 둘을 잃으면 인내의 끝을 알 수 없는 고립에 빠진다. 조객·상문이 모두 겹치면 오른팔과 왼팔을 다 잃는 최악의 결과를 보는 수가 많다. 달리 말해 신살의 합작에 역마와 재살, 월살의 합작이 가장 두려운 것이다. 보통 이런 상황이 삼살과 삼재와 연계되면 꽤 심각한 처지에 놓이기 쉽다. 장난 아닌 삼살, 그저 그런 삼살, 대박 나는 삼살, 이상만 구분할 줄 알아도 그대는 곧 출중한 실력자 대열에 오른 것이다.

주[1] >

인년이 진년을 만나면 상문, 자년을 만나면 조객이다. 보통 상문을 조객보다 중하게 여긴다.

까닭에 조객·상문에 걸리면 도움을 주는 인사를 만나기 어렵다. 합의 원조가 끊어지기 때문이다. 사회적 활동력이 위축되고, 일을 벌이면 손해다. 지난 시기에 왕성했던 동력이 점차 상실되는 기분을 느끼게 된다. 조객·상문은 육친의 초상(죽음)을 겪으며 짓누르는 압박감에서 벗어날 때가 많다. 곡사哭事로 물상의 대체[1]가 됐다는 얘기다. 가령 亥年생이 丑年을 만났다 치자. 亥는 응당 卯와 합작하여 솟아오르려 한다. 이것을 금기를 품은 丑이 강하게 견제한다.

또 丑年에는 丑이 길흉을 좌우하는 군주와 같다. 이때 亥는 장성 卯를 포기하고, 未의 화개와 힘을 합쳐 丑을 극복해나가야 한다. 인내하며 미고未庫 화개로 실력을 다쳐

축고丑庫를 열어야 역경을 타고 넘을 수 있다. 곡사가 나면 그게 곧 丑未의 충과 같은 것이다. 세운을 주체로 세워 보는 방법도 마찬가지다.

예컨대 子年이면 명국에 戌과 寅이 있는 자가 애로를 겪는다. '내가 남을 돕는 건지, 남이 나를 돕는 건지'가 헛갈린다. 이때 세운의 운간運干을 기준으로 戌과 寅의 육신을 표출하여 통변[2]하면 어디에서 문제가 발생하는지를 단박에 짚어낼 수 있다. 상대의 생년과 생시만을 듣는 순에도 주변 상황을 묘사해 내는 단서가 격각에 있다. 명국에 상문과 조객의 두 글자가 구비되면 당해에는 뜻대로 되는 일이 없을 것이다.

주[1] >

물상대체物象代替(fungible)의 사상은 이수명리의 철학적 관념이라 할 수 있다. 쉽게 설명하자면 운명적으로 예정된 흉화를 사람이 피해갈 방도는 없으며, 다만 알게 모르게 어떤 형태의 대체 물상으로든 겪게 되어 있다는 의식이다. 명리의 학습은 물상 대체의 현상을 근원적으로 탐구함으로써 종래에 인식하지 못하던 영역을 좁혀나가는 데서도 하나의 의미를 찾을 수 있다.

주[2] >

유년의 운간을 주동하여 각 글자의 육신을 표출하는 기법은 '이표신기' 에 본격적으로 설명되어 있는 오자술의 행운법이다. 이 대목에서는 격각을 사주의 명주가 되는 연지와 함께 유년의 운지를 체로 삼아 호환하는 방식으로 보는 법수에 대해 설명하는 것으로 그친다.

이제 삼합국의 합작에 대해 대강의 줄거리만 간추려 설명하겠다. 전 시간에 설명했지만, 변화는 합동合動의 상황부터 주목하라 했다. 이때는 먼저 명주를 보고 궁성宮星[1]을 같이 살핀다. 한해의 운기 패턴도 신살의 합작으로 읽어낸다. 이때는 동력의 선후先後를 잘 헤아려 추리한다. 예컨대 사주에 재살이 있고, 역마 운을 만난 것과 반대로 역마가 있고 재살 운을 만난 것은 같으면서도 전혀 다른 양상을 뜻하기 때문이다.

일단 십이살의 명주 삼합[2]은 모두 '지살-장성-화개'의 삼자로 합작한다. 가령 인년 생은 오와 술과 합하여 동하므로 지살이 장성이나 화개와 합동하는 것이다. 이때 나머지 글자는 '사유축, 망신-육해-천살', '신자진, 역마-재살-월살', '해묘미, 겁살-연살-반안'과 같은 식으로 정해진다. 요약하면 십이살의 삼합 조합은 '지장화, 망육천, 역재월, 겁년반'으로 묶을 수 있다.

주[1] >

궁성宮星은 십이성과 근묘화실, 육친궁의 배합을 일컫는 말로 '간파명운' 에서 주로 다루는 주제다.

주[2] >

십이신살의 삼합국과 충沖의 관계를 표로 정리하면 다음과 같다.

※ 십이살 삼합국

地(生)+將(旺)+華(墓)	地(生)+將(旺)	將(旺)+華(墓)	地(生)+華(墓)
亡(祿)+六(死)+天(養)	亡(祿)+六(死)	六(死)+天(養)	亡(祿)+天(養)
驛(病)+災(胎)+月(帶)	驛(病)+災(胎)	災(胎)+月(帶)	驛(病)+月(帶)
劫(胞)+年(浴)+攀(衰)	劫(胞)+年(浴)	年(浴)+攀(衰)	劫(胞)+攀(衰)

※ 십이살 상충

劫	災	天	地	年	月	亡	將	攀	驛	六	華
↕	↕	↕	↕	↕	↕	↕	↕	↕	↕	↕	↕
亡	將	攀	驛	六	華	劫	災	天	地	年	月

재차 강조하건대 국局을 이루지 못한 신살은 그 자체로 역할을 하기 어려우므로 합작해야만 변화를 일으켜 작용한다고 했다. 이것이 곧 합동合動이고, 합동하여 합작된 물상의 사건이 발생한다. 대개 반합국은 충沖의 작용으로 소멸되기 쉬운데 이를 충분沖分[1]이라 하고, 격각되면 합작이 중단된다. 형刑이 되면 합국되는 글자가 자극을 받아 일종의 손모를 당하며 강렬한 합작으로 나타날 때가 많다. 합국은 긍정적이고 형충은 부정적이라는 단편적 구분은 곤란하다.

국을 짓는 신살의 의미가 좋아야 길한 것이고, 국을 짓는 신살 합작의 내용이 불리하면 일단은 그것을 충으로 해소하는 게 좋다. 형은 길흉의 의미를 더욱 가중시키는 역할을 수행한다. 삼합국을 온전히 이루면 형충으로 인해 왕신이 발한다. 이때는 삼합국의 의미가 좋을수록 길사가 크게 소문나지만, 형충이 된 글자의 육신은 일말의 손상을 입게 되므로 결과에 가려지는 묻힌 아픔이나 손실이 있기 마련이다. 신살의 학습은 먼저 합작과 충분의 현상에 대한 이해를 바탕으로 시작되는 것이다.

주[1] >

두 글자가 합국을 지으면 합작合作이라 하고, 충격으로 합작의 연결 고리를 끊으면 이를 충분沖分이라 말한다. 다음에 '이표신기'에 설명된 '합작충분'편과 '간파명운'의 '성살합작' 편을 인용해 두었다. 합작과 충분, 성살의 합작은 지지술의 핵심 키워드가 되므로 독자들은 관련 내용을 완전히 숙지해야만 한다.

성패의 부침을 겪게 마련이다. 반안이 빠진 연겁의 합작은 치열한 경쟁국면의 고통을 수반하는 형국을 뜻한다. 이를테면 유망주라는 한 마디에 과감한 투자를 했다가 오랜 기간 성과를 내지 못하고 지친 국면과 같다. 도화가 의외로 끈질긴 성정을 내포하는 점은 앞에서 이미 설명했다. 겁살은 적지 않게 드는 비용이자, 만만치 않는 경쟁 상대가 된다. 반면 연반의 합작은 흥행을 위한 만반의 준비를 갖춘 셈이어서 성공의 문턱에 선 것과 같다. 경쟁을 치를 필요도 없는 상태라 치열하지도 않다. 이 살은 육해와 상충되는데 연살이 육해를 만나면 도무지 집 밖으로 나가기 어려운 국면에 처한 것과 같다. 의처, 의부, 부모 간섭, 선생 지도, 주변 이목, 체면 등으로 자유롭지 못한 굴레에 갇힌다.

그런데 연살과 육해의 충은 자오묘유, 사패의 글자 관계다. 사패의 충은 자세히 보아야 한다. 이미 사주에서 합국을 짓고 있으면 사패 글자의 충은 왕신발旺神發[1]의 효과로 더욱 극렬히 합작한다. 말리고 붙잡을수록 더 뛰쳐나가는 식이다. 까닭에 연살을 육해가 충할 때는 사주에 겁살과 반안 어느 것과 합작되는지를 잘 살펴 추리해야 한다. 겁살과 반안 어느 하나도 없이 도화 하나로만 존재한다면 육해에 의해 도화는 그대로 제거된다. 가족과 부모, 스승 등 주변의 심한 억압과 간섭을 받게 되는 것이다.

주[1] >

합국에서 자오묘유의 글자는 왕자旺者에 속하여 충으로 인해 더욱 발하는 속성이 있다. 사생과 사패의 충은 뚜렷한 차이가 있으므로 다음 두 가지 경우의 차이를 항시 염두에 두고 있어야 한다.

① 寅午 합국을 申이 충하면 寅午 합작은 무효가 된다. 생방은 충을 두려워한다.

② 寅午 합국을 子가 충하면 寅午 합작은 더욱 공고해

진다. 이때 子는 쇠신衰神으로 제거된다.

반안은 한 마디로 완전한 채비를 마친 것에 비유된다. 시험, 여행, 미래 대책 모든 부문에서 준비가 되어 있는 것이다. 그러니 성공을 예감하는 좋은 전조가 된다. 반안은 동력의 선후先後 과정에서 후반부에 합작되는 게 좋다. 보람을 만끽할 수 있기 때문이다. 반대로 반안이 있고 여기에 겁살이나 연살이 후차적으로 합작되는 상황은 반안의 입장에서 볼 때 다소 불리한 상황으로 묘사될 수 있다. 그러나 준비를 마친 상태에서 합작이 일어나면 긍정적인 면도 적지 않다. 반겁년의 합작은 가진 자가 노는 것과 같다.

또 충분히 투자해서 잘 다듬어 놓은 상품을 걸맞은 무대에 올리는 것과 같다. 반년겁 또한 크게 다르지 않다. 다만 겁살이 종국에 놓이면 절지로 단절의 의미가 두드러진다. 그래서 마치 차표나 여권을 분실당하는 것처럼 종국에 이르면 지적 재산권이나 상표권 등을 표절, 도용당하는 식과 유사한 상황이 펼쳐지기 쉽다. 반겁의 합작은 경쟁에 참여할 준비가 다 됐다는 얘기다. 그러나 다소 지체되면서 손실을 겪는 과정을 보게 된다. 여기에 장성이 보태지면 최상의 결과를 보기 마련이다. 반년의 합작은 스타 대열에 오르기 직전 상태와 같다. 그러나 검증을 거치지는 않았다. 반안은 천살과 상충된다. 천살의 충은 본인의 의지와는 어쩔 수 없이 파괴되는 현상으로 나타나기 쉽다. 사고의 충은 불가피한 입고 현상을 야기한다. 일단 터널만 벗어나면 애초에 준비가 치밀했으므로 위기를 기회로 반전시키는 저력을 곧잘 드러내기도 한다.

지살은 쉽게 움직이지 않는다. 역마는 내키면 이동하지만, 지살은 먼저 분위기를 조성하고 때를 포착하여 움직인다. 타이밍을 조율할 줄 알고 실력을 과시하고 행사하겠다는 의지가 강하다는 얘기다. 어느 누구를 막론하고 사주의 명주는 지살이나 장성, 화개에 놓인다. 까닭에 지장화의 합국은 인간 선천의 기초적인 합작이다. 선천운의 순리를 나타낸다. 차분하게 마음을 가라앉혀 기획하고, 자신을 연마하면 이루지 못할 게 없다.

그러므로 명주가 삼합국을 온전히 이루면 대개 타고난 자질을 살려 점진적으로 발전하고 지도자의 위치에 오를 가능성이 높아진다. 지장이 합작돼야 권한과 권위를 나타내고, 지화가 합작하면 학문적 결실을 본다. 지장의 합작은 원지로 나서 임수를 수행하는 격이다. 지화의 합작은 방방곡곡을 다니며 기도와 공연예술, 강연을 펼치는 그림을 연상하게 한다. 지살을 역마가 충하면 자리를 다지며 전략적 운신을 꾀하려던 심상이 흔들리기 마련이다. 마음이 급해지고, 진로가 수정되어 빈번한 변화를 야기하는데 기대와 결과는 어긋나기 십상이다.

장성은 일군의 대장을 말하는데 좌보우필이 없으면 고독한 처지가 된다. 장성을 반안을 둘러야 위권이 높아진다. 반면 역마는 장성을 기피한다. 이 둘은 각각 상문·조객의 관계로 놓인다. 사주에 장성을 보면 즉시 반안과 역마를 살피는 습관을 들이는 게 좋다. 어쨌건 장성이 글자 그대로 대업을 이루려면 합국으로 합작돼야 한다. 장지화의 합작은 정해진 스케줄에 따라 훌륭한 작품의 순회공연이 이루어지는 격과 같다. 매사 순조롭게 이루어진다. 장지의 합작을 이루면 임무를 부여받고 원행을 나선 격으로 출장, 파견이다. 장화의 합국은 종교나 학문, 예체능계에서 두각을 드러내고 권위를 인정받는 것을 뜻한다. 장성은 재살과 상충이 되는데, 장성이 재살을 보면 권위와 기득권에 대한 도전을 받는 사건이 발생한다. 그러나 사주에 장성이 이미 합국을 이뤘다면 약간의 흠결은 있어도 명예의 회복은 시간문제에 불과하고 위용을 드러내기 마련이다.

화개는 홀로 칩거하며 조용한 곳을 찾아 예술에 몰두하거나, 기도를 하는 형상이다. 한 가지에 몰두하며 완성을 향해 무언의 준비를 하는 계절을 말한다. 화지장의 삼합국은 준비된 자신을 세상에 알릴 시기가 도래했음을 뜻한다. 화지의 국을 이루면 연구에 몰두하다 실용으로 옮겨 외부로 나서는 격이다. 발표, 전시, 출판, 강연, 상담, 공연 등의 활동이 빈번해진다. 화장이 합작하면 재기를 널리 인정받는 것이다. 곧 성취를 암시한다. 당선, 입상으로 권위가 빛난다.

화개는 월살과 상충이다. 월살이 도래하면 부실한 인연을 거두는 운기라 했는데, 희생과 봉사로써 책임질 일이 발생할 때가 많다. 외부의 식구를 돌보거나, 구조 활동, 봉사활동, 포교나 선교활동, 기부나 장학사업 등이 모두 여기에 해당한다. 이 같은 현상은 사고의 충격으로 인한 합작의 반짝 효과와 같다. 그러나 곧 월살은 지장의 합작을 방해하여 몰두하던 일의 장애요, 화개의 입고 현상을 야기하므로 하던 일의 무산을 가져오기 쉽다. 연구, 학문에 대한 결실과 대가를 바라기 어렵고, 고된 일상의 마침표를 찍는 게 수월치 않다.

망신은 중군의 선두에서 강한 책임감으로 스스로 분발하다. 힘겨운 상황의 초래를 암시한다. 대개 버는 것보다 쓸 데가 많아 문제를 야기하고, 관리 소홀로 인한 손실을 보기 쉽다. 심하면 관액을 당할 우려도 있다. 망육천의 합국은 한 집안의 가장이 겪는 희생과 역할에 종종 비유된다. 그래서인지 망육천의 삼합국은 인연으로 매인 희생과 애로와 연관이 깊다. 이때 육해는 마치 앓아누운 식구와 같고 천살은 감당키 어려운 병원비나 치료비와 같다. 질병과 궂은일이다.

이 조합은 희생이 숙업과 같은 것임을 뜻한다. 오직 자신의 힘으로 문제를 해결해야만 하는 숙명과 같다. 그러니 엄청난 스트레스가 자연 따르기 마련이다. 체력을 허비하고 신경 계통의 질환을 야기할 가능성이 높다. 망육의 합작은 벌어도 남는 게 없다. 가족 부양에 여유가 없다. 나가는 게 더 많기 때문이다. 역으로 발상하면 이 합작은 그래도 소통이 됨을 의미한다. 따라서 망신이 육해와 합작하면 자금의 경색을 해소하는 긍정적인 작용을 하기도 한다. 이때는 십이성이 주로 천복, 천귀에 속하는 때다.

사주에서 복성이나 귀성이 아닌 천인이나 천파의 흉성이 망육으로 합작하면 전자에 비해 부정적인 결과를 볼 가능성이 높아진다. 망천의 합작은 세금, 벌금, 치료비 등으로 인한 지출과 관계가 깊다. 한 마디로 곤고해진다. 망신을 겁살이 충해 오면 안팎으로 손실을 보기 쉽다. 망육 합작을 겁살이 충하면 재원이 고갈되는 형국에 처할 우려가 있다. 그래도 충분 효과로 인해 하나의 실마리를 풀게 된다. 망천의 합국을 겁살이 충하면 합작의 분리로 일말의 실리는 구하지만, 결국은 구생으로 인한 합작의 촉진이 이어지므로 불리함만 가중되기 쉽다. 따라서 사주에 망신이 있으면 자연 겁살을 기피한다. 겁살이 망신을 보는 것과 다르다는 말이다.

육해는 병부病符와 같다고 했으니 병으로 반쪽 인생이 된 것과 같다. 그래서인지 육친과 불화하기 쉽고 덕이 박한 편이다. 꿈과 희망을 접고, 주연이 되지 못하는 불우한 별로 비유되기도 한다. 자기가 움직이지 못하니 행차와 이동, 외출 일체를 기피한다. 지살과 역마, 연살과 서로 간에 궁합이 맞지 않는 것이다. 연살에게는 사사건건 간섭하는 존재가 육해다. 지살의 입장에서 보면 육해는 정당하지만 마음에 들지 않는 아랫사람과 같다. 지살은 도화의 시녀를 두어야 하는데 육해가 이를 간섭하므로 서로가 미워한다. 출행을 방해하는 요소로 작용한다. 역마의 입장에서 보면 마부馬夫와 같아 고삐를 당기는 격이다. 육망천의 합작은 장애나 무능으로 인해 독립을 감행해도 인정을 못 받는 불우함을 암시한다. 천살의 자극은 가내의 소란과 환란, 몰락 등과 관련된다. 인연이 박해져 자기가 희생하는 삶을 뜻한다. 고통이 겹치는 것이다. 육망이 합작하면 육친으로 인한 희생이 심대함을 암시한다. 지갑을 털어내도 턱없이 부족하기만 하다.

예컨대 보증 등의 연대 책임을 지는 식으로 육친의 덕이 부족함을 실감할 때가 많다. 육천의 합작은 감당하기 힘든 상황이다. 환영받지 못하고, 가족에게 일신을 의탁하는 삶의 형태로 나타나기 쉽다. 육친과의 인연이 죄다 실패하고 무연해지는 현상을 보게 된다. 육해를 연살이 충해 오면 얽매인 집단과 조직을 벗어나 독립을 감행한다. 도화가 육해를 충하면 자연 역마가 작동한다.

천살은 인간의 의지로는 극복할 수 없는 별천지와 같다. 이 살은 삼합 수위 글자의 앞에 선 정신계의 통제할 수 없는 영역으로 보았기 때문이다. 또 국가 기관이나 도덕, 윤리와 같은 상위 가치를 지닌다. 또 인간적 도리와 윤리에 의해 타인을 돌봐야 하는 상황을 암시하기도 한다. 천살이 합작하면 대항할 수 없는 문제로 인해 고민하게 되는 것이다. 민간에서는 이 살이 들면 사람의 의지와 무관한 천재지변을 두려워했다. 천육망의 합국은 어려운 일과 과제를 죄다 떠맡는 격이어서 몹시 불리한 것이다. 시쳇말로 독박을 쓴 셈이라, 한 마디로 극심한 스트레스를 야기한다. 천육의 합작은 인간관계가 원만치 않게 되고 특히 상하 관계에서 문제가 나타나며 인덕이 없음을 실감하게 하는 작용을 한다.

이를 테면 가족관계에서도 부모와 자식, 부부가 서로 맞지 않으면서도 봉양해고 부양해야만 하는 인연의 굴레에서 신음한다. 이때는 겁살의 격각이 문제 해소의 완충 역할을 한다. 천망의 합작은 보통 평생을 지고 갈 스트레스와 압박으로 다가온다. 이를테면 수입이 사채이자에도 미치지 못하는 것과 같다. 엄청난 병원비는 아무리 벌어도 감당이 안 되는 현실과 비슷하다. 스스로를 혹사하며 최선을 다해도 상대가 알아주지 않으니 서럽고 원통하다는 생각이 차츰 원망으로 변해 간다. 자연 우울증이다. 천살은 반안이 충한다. 반안이 도래하면 도움의 손길이 있다. 재난복구의 형상이고, 병이 치유되거나 몸을 보신하는 상태, 수리나 개조하는 국면이 연출되기 쉽다. 육해가 합작한 후 입묘되는 까닭이다. 이때 명주는 회복의 운기를 느끼게 되고 희망을 품기 시작한다. 반면 도화도 입고되기 쉬우므로 활발하게 움직이는 상황은 대개 일시적인 현상에 불과하다.

역마는 계획이 충분치 않은 상태에서 충동·우발적으로 움직이는 것을 뜻한다. 이렇게 움직이면 보통 살림도 줄고, 체력도 고갈된다. 역마는 길성에 배당되면 비약적으로 발전하고, 흉살과 동주하면 연이어 패하는 특징이 있다. 천리마와 병든 마를 구분하는 단계에 오르면 가히 실력자라 할 수 있다. 말은 안장이 있어야 한다. 그래서 역마는 반안을 기뻐한다. 고삐를 쥐는 육해는 반안의 상문이 되니 역마가 이를 반길 리 만무다. 역재월의 합국은 대개 무모하고 다치며 부실해지는 형국을 상정한다. 반골 소리를 듣기 쉽고, 조직과 통제를 거부하는 기질이 나타난다. 일단 조직을 이탈하면 스스로 외로움을 자초하는 격이 되기 쉽다. 까닭에 사주에 있는 역마를 합작하는 운기에는 보통 분발하거나 움직여 심대한 손해를 보기 쉽다. 역재월이 합작하면 자리 이동이 곧 애로가 된다. 갑작스런 행동, 실천이 만용이 되어 재액에 노출되는 격이다. 역재가 합작하면 스스로를 가두기 위해 움직이는 격이다. 예컨대 공부나 기도를 하기 위한 장소를 찾아 나서는 상황이다. 역월이 합작하면 벌이는 일마다 손실이다. 고갈되고 피폐해진다. 역마는 무릇 지살의 충으로 숨을 죽인다. 사주의 역마를 지살이 충해 오면 스스로를 조금씩 통제하기 시작한다.

재살은 삼합 본진을 기습하는 세작과 같아 통제되고 억압된 상태에서 고초를 겪는 환경에 놓이기 쉽다. 화개과 지살의 격각이 되어 사주에 화지의 합작이 있고 재살이 겹치면 회재불우[1]의 상이 된다. 재역월의 합작은 현실을 벗어나도 이내 탈진되는 상황을 암시한다. 재역의 합작은 갇힌 공간에서 탈피다. 통제와 억압 상태에서의 탈출이다. 무릇 운기가 좋을 때는 움직여서 손해고, 운기가 궁박하면 움직여야 해소된다. 까닭에 지살과 장성의 합작을 역마가 충격해서 좋을 게 없다. 반면 재살은 역마와 합작해야 돌파구를 연다. 재월의 합작도 일단은 돌파구를 여는 셈이다.

그러나 종국에는 초라하고 불우해지기 쉽다. 남환여과[2]와 같은 신세로 전락한다. 재살을 장성이 상충하면 재역의 합작이 촉발되어 구속과 칩거에서 변화를 모색한다. 신장개업이나 시험합격, 취직 등의 개변으로 나타날 때가 많다. 그러나 재월이 합작하게 되면 오히려 자신을 더욱 궁지로 모는 결과를 보기 쉽다. 그래서 재살을 일명 수옥囚獄이라 했다.

주[1] >

회재불우懷才不遇란 재주를 품고 있으나 자기를 알아주는 사람을 만나지 못한다는 뜻이다

주[2] >

남환여과男鰥女寡는 홀아비와 과부를 말한다.

월살은 지살의 상문이고, 장성의 조객이라 중단수를 강하게 암시한다. 화개와 상충하므로 명주의 선천적인 합작을 방해하는 요인이 된다. 사주에 화개와 월살이 동주하면 하체불구를 겪기도 한다. 앞으로 나아가다 중지다. 수도자나 종교인, 역학자 등의 사주에는 월살과 화개의 동주가 적잖이 발견된다. 천살도 마뜩찮다. 사주에 사고의 글자가 형충되면 육친의 잦은 입고 현상을 야기하므로 부부간의 불화와 이별을 면키 어렵다. 안간힘을 써도 이뤄지는 게 없으면 자연 힘이 빠지기 마련이다. 이 살이 합작하면 곧

잘 무기력해진다. 고갈枯渴이다. 고단한 인생은 신에게 의지해서 구원을 청한다. 광신도이기 쉽다. 혹은 취미나 잡기에 몰두한다. 월재역의 합국은 마지막 애를 쓰는 것과 같다. 힘겹게 살아가는 끈질긴 민초의 수난이 함축된 모습을 담고 있다.

월재의 합작은 민초들을 더욱 핍박하는 형국과 같다. 심신의 탈진이다. 월역의 합작은 지친 몸을 이끌고 일하러 나가는 처량한 신세에 비유될 정도다. 봉건적 사유를 전제로 할 때 장성은 여명의 남편과 같고, 월살은 남명의 부인과 같다. 식솔을 거느리게 되면 이상보다 현실이 앞서게 된다. 포부는 접고 가족 부양에 심신이 지친다. 월살을 화개가 상충하면 득음, 득도의 상황에 비유되는 거창한 현상을 보일 때가 있다. 먼저 재살이 입고되고, 장화의 합작이 촉발된 경우에 지나지 않는다. 이것이 곧 사고의 형충이 야기하는 반짝 효과[1]다.

주[1] >

'반짝 효과' 란 사고의 글자가 동하면서 합작 현상이 먼저 나타나는 것을 말한다. 대개 합작 효과는 결국 입고 현상으로 인해 무위의 결과를 보기 쉬우므로 일시적인 긍정 국면에 그치기 쉽다. 반짝 효과가 강하게 지속

되는 경우가 있다. 예컨대 월살 하나를 화개 두 글자가 충격하면 장화의 합작은 더욱 두드러진다.

이상으로 신살 합작과 충분, 격각에 대해 개괄해 보았다. 이처럼 진리는 몹시 간단한 것이다. 그러나 이면에 흐르는 작용의 하나만 놓쳐도 엉뚱한 결론에 도달하기 쉽다. 안다고 생각하는 것과 아는 것은 천지 차이다. 버나드 쇼가 말했다. "그는 아는 게 없다. 그는 모든 것을 안다고 생각한다." 우리는 명리라는 프리즘을 통해 세상과 나를 알아가는 재미에 빠져있다. 가장 중요한 일은 자기 자신을 발견하는 것이다. 무지의 자각, 지혜는 여기에서 시작된다.

아무리 쉬운 내용이라도 백 번을 반복하고, 숙달시키지 않으면 안다고 생각한 것은 곧 착각이 된다. 내가 당장 겁살 하나만 두고 지금까지 설명한 내용을 그대로 인용해서 사지선다형 문제로 열 개를 낸다고 치자. 비록 적절한 자습 시간을 허용한들 이해와 반복이 수반되지 않으면 십중팔구 다섯 개 이상을 맞추기가 어려울 것이다. 게다가 미세한 부비트랩이라도 하나 깔아 두면 정답을 피해 나가는 자신의 기술이 마냥 신기하게 여겨질지도 모르겠다. 핵심을 간파하지 못하면 백날 안다고 나대봐야 궤도를 이탈한 잡말만 늘어놓게 된다. 겸허하게 배우고 익히기를 반복한다면 백지 한 장의 차이로 개안하는 것이다. 그리고 아는 것으로 그쳐선 안 된다. 상상이 중요하다. 올드 패션만 아는 지성으로만 머물지 말고 앞날을 아는 천재를 꿈꿔보라.

3강

위대한 이들의 삶이 평탄치 않았다는 것은 알려진 사실이다. 개인의 삶도 마찬가지다. 인생에서는 고비 고비를 타넘는 게 중요하다. 참을성 있게 견뎌 내는 힘이 있어야 한다. 그러니까 도전과 끈기 두 가지를 다 갖춰야 한다는 얘기다. 그런데 도전과 인내가 반드시 성공으로 이끈다는 보장은 없다. 잦은 시도만으로 그치거나, 혹은 무조건 참기만 한다고 해서 되는 일은 아무 것도 없을 것이다. 최소한 이 둘의 요소가 결합돼야만 성공의 가능성을 높일 수 있다.

어쨌거나 가능성으로 그치고 만다. 우리가 삶의 성취와 성업을 논할 때는 한 가지 절대적인 요소를 더 언급해야 할 것이다. 그것은 믿음이다. 믿음은 확신으로 승화돼야 한다. 작위적인 믿음은 오래가지 않는다. 공고한 믿음은 지식의 선명성이 낳은 이해에서 비롯된다. 이상이 삼위일체다. 오늘날 난무하는 자기 계발서는 거개 어느 하나의 요소가 빠진 각기 요소만을 성공의 통로로 과장해서 포장한다. 또는 이것저것 갈피가 서지 않게 섞어 놓아 핵심을 파악하지 못하게 만들어 두었다.

저자나 역자 모두 착각과 환상에 빠져있는 부자 되기 열풍이 심각한 지경이다. 이러한 성공 신화는 수명이 길지 않다. 확고한 원칙이 서야 튼실한 자신감이 서고, 도전하며 인내할 수 있다. 이러한 분위기에서 조성된 희망은 분명한 실체로 이어진다. 명리는 그저 믿고 따르라고 주장한 법이 없다. 지명知命과 입명立命은 고스란히 개인 각자의 몫이므로 스스로 공부하기를 권하고 있다. 핵심은 삼위일체다. 최소한 이위합작은 돼야 성과를 논할 수 있다. 신살 작용의 규칙 또한 예외가 아닌 점은 이미 여러분도 인식했을 것이라 믿는다. 부단한 학습과 상상으로 신살의 작용력을 온전히 파악하게 되면 희로애락이 시간의 흐름에 따라 바뀌고 변하는 이치를 절로 이해하게 된다. 어수선하여 질서나 통일성이 없는 지식으로는 어느 것 하나도 확신하기 힘들어진다. 진리는 간단하다. 이 단순한 진실의 실체를 보통의 사람들은 시행과 착오를 거듭하다 우연히 보게 된다. 특히 학문을 술기로 전환하는 과정에서는 숱한 반복이 필연한 법칙이다. 학문은 한가한 이들의 사치로도 볼 만하지만, 술기는 절박한 순간의 집중과 확신으로 환탈하는 것이다. 옛날 과거를 준비하던 선비들은 중요한 문구를 적어 둔 조그만 한지를 말아 필통에 수백 통씩 꽂아 두고 틈이 나는 대로 필통에 담긴 종이를 무작위로 뽑아 읽고 외기를 반복했다. 이런 방법을 통해 방대한 학습 분량을 소화하고 정복했다. 독서는 통독과 정독으로만 끝나는 게 아니다. 끝에서 처음까지 내리 읽고, 각론 별로 순서에 구애받지 않고 읽는 단계에 도달하면 응용의 일정 수준에 오른 것이다.

공부를 잘 하려면 재미를 발견하는 게 핵심이다. 재미를 느끼지 못하면 성취를 보기 어렵다. 공부의 재미를 느끼는 방법이 간단한다. 반복에 의한 패턴 학습이다. 국악이나 클래식이 생소하면 귀가 즐겁지 않다. 듣기를 반복하면 일정한 패턴을 감지하게 되고 참맛을 알게 된다. 앞뒤가 들어맞고 체계가 서는 갈피를 파악하면 진전의 속도가 붙는다. 그러면 아주 빠르게 목적하는 바를 이루게 된다.

이번에는 십이살을 포태의 합작[1]과 연계해서 총괄해보겠다. 합작 통변은 선후[2] 관계를 잘 살펴야 한다. 가령 지화의 합작과 화지의 합작은 장생에서 묘지로, 묘지에서 장생으로 변화하는 것과 같이 동질성을 품는 가운데 다른 현상을 보게 된다. 전자는 연구와 작품을 만들기 위한 고립된 환경을 찾아 나서는 것이고, 후자는 갈고 닦은 예기를 본격적으로 드러내는 공연이나 전시회 등의 활발한 활동의 신호탄과 같다. 사주의 체신에서는 연월이 선이고 일시의 후다. 예컨대 연월이 화개고 일시가 장성이면 연월이 장성이고 일시가 화개인 것과는 양상이 달리 나타난다. 중년 이후의 본격적인 성공 가도는 먼저 화개를 보고 다음으로 장성이 합작된 경우다. 사주에 장성이 있고 행운에서 화개가 합작되면 장화의 합작이지, 화장의 합작이 아닌 것이다.

다시 말해 합작의 말미 글자가 현상의 결과를 암시하게 되는데 이때는 먼저 포태 물상의 합작 변화로 운기의 곡선 그래프를 그려나간다. 장화의 합작은 제왕에서 묘지로의 하강 곡선이고, 화장의 합작은 묘지에서 왕지로의 상승 곡선을 염두에 둘 수 있다. 여기에 합작의 반짝 효과와 장애, 입고 현상까지 동력과 더불어 시간의 선후 과정까지 가려 취하면 해당 시기의 복잡 다양한 운기의 패턴 변화를 능히 읽어내는 것이다.

주[1] >

신살과 포태의 연관성은 1강에서 다룬 주제다. 포태 합작을 주로 통변하는 기법이 곧 포태물상이다.

※ 신살과 운성 합작

劫年攀 - 絶浴衰 合作	劫 年 겁년 絶▶浴	年 劫 연겁 浴▶絶	年 攀 연반 浴▶衰	攀 年 반년 衰▶浴	劫 攀 겁반 絶▶衰	攀 劫 반겁 衰▶絶
地將華 - 生旺墓 合作	地 將 지장 生▶旺	將 地 장지 旺▶生	將 華 장화 旺▶墓	華 將 화장 墓▶旺	地 華 지화 生▶墓	華 地 화지 墓▶生
亡六天 - 祿死養 合作	亡 六 망육 祿▶死	六 亡 육망 死▶祿	六 天 육천 死▶養	天 六 천육 養▶死	亡 天 망천 祿▶養	天 亡 천망 養▶祿
驛災月 - 病胎帶 合作	驛 災 역재 病▶胎	災 驛 재역 胎▶病	災 月 재월 胎▶帶	月 災 월재 帶▶胎	驛 月 역월 病▶帶	月 驛 월역 帶▶病

주[2] >

선후론先後論은 형충회합의 실제 운용법을 다룬 '팔자술필살기deathblow'에서 최초로 설명된 독창적 이론체계다. '팔자술파이널블로' 는 한층 업그레이드된 내용을 담고 있다. 선후론의 초기에는 동력과 시제의 두 가지 개념으로만 설명이 이루어졌다. 이를 간단히 설명하면 삼합과 육충이 있으면 삼합의 작용이 우선한다는 게 동력의 선후다. 그러나 충의 작용이 전혀 나타나지 않는 게 아니다. 먼저 삼합의 작용이 발하고, 쇠자가 충으로 제거되는 상황이 나타난다. 글자의 배열에 따라 정교하게 원형이정법을 구사하면 이것이 곧 시간의 선후 구분이 된다. 연관 학습은 '팔자입문(Bazi Primer) VI - 형충회합', '회합정해'를 참고하면 큰 도움이 될 것이다.

겁살은 절지에 놓인다. 절絶은 단절과 으뜸의 두 가지 상반된 뜻을 지닌다. 기고氣高 영민한 가운데 압박당하는 현상을 겪게 된다. 하나는 절망絶望이자 절멸絶滅이고, 또 하나는 절대絶對, 절륜絶倫이다. 모 아니면 도다. 명국에 겁살이 있으면 삶에 굴곡이 있다. 운기가 파행적이고 강한 개성의 소유자다. 주머니가 텅 비었다가 일시에 부를 일군다. 부자로 살다가도 일시에 가난뱅이로 전락한다. 절정絶頂에 올랐다가 두절杜絶되고, 두절됐다가 절정에 오른다. 절처봉생絶處逢生, 궁즉통窮卽通이 이런 것이다. 절체절명絶體絶命에 놓였다가 보란 듯 살아 돌아오니 절묘絶妙한 것이다.

살고 죽는 게 다 겁략怯掠의 현상과 관련된다. 겁박劫縛, 겁탈劫奪[1]로 뺏고 빼앗긴다. 사주에 겁살이 망신과 같이 있으면 절록의 조합으로 그릇이 크다. 겁살이 충격을 당하면 차압, 폭행, 철거 등의 몹쓸 일을 당하기 쉽다. 주거가 불안하다. 자칫 강제집행이나 철거의 소지가 있다. 겁연의 합국은 절욕의 합작이다. 월등한 개성이 표출되고 신체도 강건해진다. 호색과 음란은 겁년의 합작으로 나타나는 성향이다. 모난 돌이 정을 맞는다. 겁반의 합국은 절쇠의 합작이다. 승부수에 강하고 노회한 수완가다. 겁살 방위에는 하자가 있다. 이 방위는 함부로 손댈 곳이 아니다. 명국에 반안이 있거나 반안의 운에 손을 봐야 정상을 회복한다. 겁살 해에 자식을 두면 절絶의 결과로 합작하기 쉬우므로 불효자를 둔다고 했다.

주[1] >

여명에 겁살이 칠살과 겹치면 정조를 유린당하거나 하인과 정통한다고 했다.

재살은 태지에 놓인다. 태胎는 '낙태落胎냐, 탈태奪胎냐'로 운기가 달라진다. 일단 합작하면 탈태가 된다. 재역의 합국은 태병의 합작이요, 재월의 합국은 태대의 합작이다. 낙태를 면하려면 배경이 든든해야 한다. 독보할 기상이나 저력은 받쳐 주지 않지만 반면 영리하고 총기가 있다. 특별한 매력이 있다. 꾀를 쓰고 비상하게 굴어야만 살아남기 때문이다. 반드시 누군가의 마음에 들어야만 효용이 있다. 그러나 종국에는 화려하지 않다. 대개 인상이 평범하지 않고 예리한 편이다. 안태安胎의 상황은 대개 한때로 그치기 십상이다. 이 살은 겁살의 역모주동에 동조하며 때를 노리다 합작으로 소기의 목적을 달성한다. 상처 없는 영광이다. 특별한 노력 없이 횡재하는 수가 있다. 그러나 오래가지 않는다. 지략이나 행동은 빠르고 뛰어났지만 스스로 신통하게 살려나가는 수위에는 오르지 못하기 때문이다. 복과재생福過災生이다. 종내 관재수官災數나 재액災厄[2]을 면하기 어렵다는 얘기다. 인수가 재살에 속하고 합작하면 혁명가나 반체제 인사로 출옥 후에 명성이 높다진다고 했다. 재살 방위에는 악감정을 품은 상대가 있다.

예컨대 뱀띠 생은 푸른색의 옷을 입은 상대를 경계하기도 한다. 재살의 색상인 까닭이다. 또 재살 띠에 해당하는 사람은 나를 꿰뚫고 있는 상대가 된다. 치부를 속속들이 알며 나를 능가하는 지혜의 소유자로 인정하는 게 좋다. 그래서 재살의 해에 난 자식은 부모보다 나은 자식으로 출세한다고 했다. 부모의 심중을 헤아리고 보살피는 효자로 간주한다. 재살이나 육해는 합작을 통해 곤궁한 처지를 벗어나려는 심리가 있다. 자연 계책에 능하고 행동이 민첩하게 진화한다. 이 방위를 잘 활용하면 손대지 않고도 코를 푸는 성과를 내는 묘용을 구할 수 있다. 재살 방위를 등지고 장성 방향으로 상대를 대하면 압도하는 힘을 갖게 된다. 사주에 재살이 있고 질병이 들면 육해의 방위로 병원이나 약국을 찾는다. 자오묘유, 사패의 글자는 각기 장생과 병지의 포태조합을 이룬다. 재살은 어김없이 육해를 생한다. 육해는 곧 생방[2]이 되는 것이다. 재살의 방위나 인연에게서는 급전을 융통할 수 있다. 그러나 약속을 이행하지 않으면 비웃음을 사게 되고 더할 수 없이 피곤해진다. 재살의 인연과는 주종관계를 피하는 것이 좋다.

주[1] >

재살은 관재와 연관이 깊다. 사주에 재살이 있으면 눈빛과 언어가 위협적이다. 법규를 집행하는 업에 종사하면 관액을 대체한다.

주[2] >

사생과 사패의 포태 생병生病 조합은 '간파명운'에서 강조하는 대목이다. 子에 병이 들면 酉에서 생한다. 酉에 병이 들면 午에서 생한다. 이것은 시제의 선후론과 맥락이 닿는다. 이와 달리 팔자에 酉가 있고 子運이 오면 일단의 생의生意가 나타난다. 이것은 동인動因으로 작동하기 때문이다. 다만 전자와 달리 완쾌를 바랄 상황은 못 되므로 午運이 되어야만 온전히 치유될 가능성이 높다. 결국 시제의 선후가 무겁게 작용하기 때문이다.

천살은 양지에 놓인다. 천天과 양養이 조합되면 만물을 배양培養하는 신공神功의 위력이 실린다. 양명養命이다. 사주에 천살이 있으면 자연 종교나 철학에 심취하기 마련이다. 천살은 상벌을 주관하는 성분인데 어느 신살과 합작하는지의 여부에 따라 희비가 갈리는 것이다. 그래서 사주에 천살이 있는 자는 이미 견책과 형벌이 필연적으로 따르는 허물을 타고 난 것으로 간주해 왔다. 천살이 형을 당하면 관재官災가 발동한다. 이 사람은 신분이 천자天子와 같아 특별한 점이 있다. 물심이나 사욕은 없으나 명예욕은 대단하다. 궁핍이 침범해도 막일을 하는 법이 없다. 낙천적이란 얘기다. 포부가 크고 요행심이 있다. 사유 재산은 별반 없으면서도 호의호식을 당연하게 여기는 경향이 있다. 공부와 수도에 전념해서 학계나 종교계 등으로 진출해야만 독보적 존재로 인정받을 수 있지, 일반적 환경에서는 방자하고 겸손치 못한 언행으로 비난받기 일쑤다. 신살이 합작하면 용用으로 결론이 난다.

예컨대 명국에 천살이 있고 망신을 보면 양록의 합작이 되어 녹봉祿俸은 늘기 마련이다. 천육의 합국은 양사의 합작으로 불리하고 곤고하다. 상실과 자괴감에 빠지기 쉽다. 천살의 방위는 소원을 비는 곳이다. 젖과 꿀이 흐르는 희망의 낙원은 현실에서 찾지 못한다. 다시 말해 추상적이고 무형의 개념으로 통한다. 제祭를 모시는 방위다. 유념하라.

천살은 무형과 이상이고, 반안은 유형이자 현실로 통한다. 거소에서 이 방위에 속한 학교는 진학을 불허한다. 이 방위로 이사를 가면 패한다. 까닭에 대충對沖이 되는 반안의 방위는 진학이 수월하다. 천살 방위로 책상을 두면 수험생의 성적이 일취월장한다. 천살 방위로 머리를 두고 자면 패운이다. 반안 방위로 머리를 두고 자야 개운한다. 천살 띠에 해당하는 인연은 모셔야 할 상대다. 이 사람은 나의 구원자가 된다. 투자는 천살 인연으로부터 받는 것이다. 반대로 천살 띠에게 투자해서 건질 것은 전혀 없다. 오히려 얽매이기 십상이다.

지살은 장생이다. 답지踏地로 장생불사長生不死하니 어려움에 처해도 구원을 받는 생의生意가 있다. 사주에 지살이 있으면 대개 기본적 지위地位가 있다. 은연중에 자기과시를 하는 성정을 지니게 되는데 이것은 일종의 콤플렉스에 연유한다. 가령 가족사에 망신스러운 배경이나 히스토리가 스며있는 경우가 많다. 지장의 합국은 생왕의 합작으로 내외內外가 통하니 원활하다.

지地와 생生이 결합하면 일종의 行次를 뜻한다. 시작에 앞서 선전하는 요소다. 세일즈에 강하다. 지살의 해에는 선전도 잘되고 거래도 활발해진다. 그러다 연살의 해를 만나면 애로를 겪기 쉽다. 장생이 욕패로 이어지는 까닭이다.

홍보나 광고가 먹히지 않는다. 버는 것 없이 쓰기만 한다. 앞에서 출행을 방해하는 인자가 육해라고 했다. 지살이 육해와 동주하면 소극적이고 무력해지기 쉽다. 반대로 역마와 함께 하면 활발하고 명랑해진다. 인신사해, 사생의 띠가 육해의 해를 만나면 속도를 내지 못한다. 대외적 활동의 애로다. 연이어 장애가 발생하고 구설과 사고수가 침범하는데 대개 아랫사람이 발목을 잡는 격이다. 사주에 육해가 있고 지살의 해를 만나도 마찬가지다. 위축이다. 생과 사의 전혀 다른 요소가 섞이지 않는 까닭이다. 간판이나 홍보 포스터는 지살 방위에 붙이는 게 정석이다. 반대로 역마 방위에 붙이면 선전 효과를 전혀 보지 못한다.

연살은 목욕이다. 일명 도화桃花로 요염하고 화려함을 상징한다. 선배들은 이 살을 시녀侍女나 상궁尙宮에 곧잘 비유했다. 연살은 복잡성을 띤다. 외정이나 탈선으로 보기도 하고, 또 기대와 인고의 뜻을 품기도 한다. 이는 수시로 반복되는 접대나 시중으로 아름답게 꾸며 서비스하는 재간을 갖추어야 하고, 사생의 띠로 보면 양인이 되는 글자에 속하기 때문이다. 치장하고 각색하는 외연은 화려하나 준비하는 과정의 내면은 수고와 고초의 손상이 따르기 마련이다. 어지간한 수모를 다 감수하는 인고를 감당하면서도 민활하게 움직이면 대가가 있다. 행운을 잡기 위한 과정에는 기다림이 필수라는 뜻이다. 욕은 쇠와 통한다. 이를테면 호스티스와 웨이터가 친한 관계와 같다. 이들은 서로 돕는 게 좋다. 그래서 연반의 합작은 상궁과 내시의 관계로 비유되곤 한다. 내명부와 내시부는 원래 긴밀했다. 욕쇠가 합작하면 후궁이 왕비로 간택되는 것과 같아 일약 스타덤에 오르기도 한다. 일종의 하사금이나 팁도 같은 경우다. 이 살은 주군이 대동帶同하는 월살과 궁합이 맞지 않다. 월살은 명주의 재고財庫 글자에 속한다. 그래서 이 살은 안방마님에 비유된다. 시녀가 마님을 두려워하는 것은 자연스런 현상이다. 신고가 따른다는 의미다. 자축이나 오미의 육합이나 묘진이나 유술의 육해가 불리하게 작용할 때는 대개 신살이 연살과 월살로 배당된 것에 연유한다.

이때 연살의 글자에 속하는 육신이나 육친궁이 주로 타격을 입는다. 연살의 해는 교제비가 많이 든다. 반복되고 중복되는 일을 겪는 가운데 정작 성사되는 바가 없는 까닭이다. 외관은 화려하지만 속으로는 곪는 계절이다. 사업을 하면 간택을 기다리는 궁녀의 심정과 같아 한 마디로 고전한다. 반안과 합작되면 뭉칫돈이 생기는 행운이 따른다. 이때는 상대 이성이 급속한 호감을 보이기 쉽다. 함지咸池의 현상이 나타나기 때문이다. 그러므로 반안과 합작하지 못한 상태를 곧 욕패浴敗로 볼 수 있다. 연겁의 합작은 불리하다. 여기에 형이 겹치면 주색으로 인한 패가가 염려될 정도다. 연살 띠에 속하는 인연은 명주를 뒷바라지한다. 이

사람은 끈기가 있고 헌신할 마음자세가 있다. 욕은 대와 록으로 진전해야 문제 해결의 실마리를 풀게 된다. 튼튼한 재정은 월살과 망신의 대록에 기초한다. 연살은 움직여도 실한 게 없지만, 월살은 움직이지 않아도 곳간의 열쇠를 차고 있거나 상납을 받는 것과 같다. 연살은 육해의 상충을 몹시 기피한다. 욕사[1]의 물상이 나타날 우려 때문이다.

주[1] >

명리물상실전57초의 현침욕사懸針浴死 편을 참고하라. 재살과 육해의 조합에는 생의가 있으나 연살과 육해의 관계는 특히 연살의 입장에서 불리하다.

월살은 관대다. 안방에 앉아 있는 정실의 상이다. 사주에 월살이 있으면 캄캄하고 어두운 곳을 밝히는 월광月光의 역할을 자처한다. 사회사업을 펼치려는 뜻이 있다. 봉사와 의약 계통에 자질과 지식을 지니고 있다. 겉으로 엄살을 부려도 실제로는 알찬 재물이 있다. 약사공방저재[1]다. 이 살은 밤에 태어난 이들에게 특히 유리하게 작용할 가능성이 높다. 월살은 재살을 비호한다. 월재의 합국은 대태의 합작이고, 월역의 합작은 대병의 합작인데 구호 활동은 이 상적인 물상을 대체[2]한다.

월살은 합작하지 못하면 갇혀 지내야 하는 고독의 별이

된다. 독수공방으로 시간이 지날수록 여성성을 잃어간다. 월살은 충도 위태로울 공산이 크다. 화개가 충격하면 부인이 안방을 지키지 못할 우려가 있다. 사주에 월살과 화개가 같이 있으면 하체가 불구에 이르거나, 반쪽 인생이 펼쳐지기 쉽다고 했다. 월살이 화개를 만나면 퇴직이나 몰락, 상신 등의 재액에 노출될 염려가 깊다. 월살은 지장의 합국을 차단한다. 생산이 없으니 자연 고갈되기 쉽다. 우울해지고 정신 질환에 이를 수 있다. 불생불성不生不成이라, 월살의 일진에는 파종을 피했다. 사주의 일시가 월살이면 장자건각長子蹇脚으로 손수부절孫愁不絶이라 했을 정도다. 월살 방위에는 조명 기구를 많이 둘수록 유리하다. 진학도 이 방향은 대개 유리하게 작용한다.

주[1] >

약사공방저재藥師空房貯財란 사주에 월살이 있는 사람은 의약 계통에 박식한 이들이 많고 고독한 부자이기 쉽다는 뜻으로 문하들이 공유하는 학파 고유의 명리 숙어다. 공방저재空房貯財에는 물상대체의 깊은 뜻이 담겨있다. 의약醫藥에는 일종의 업상대체業象代替 현상이 배가되므로 여간해서 재운은 소멸되지 않는다.

주[2] >

물상대체物象代替(fungible)는 '팔자입문(Bazi Primer) VI - 육신물상'에서 구체적으로 언급된 용어로 팔자가 암시하는 길흉의 암시는 어떤 형태로든 겪고 넘어간다는 점을 설명한다. 팔자정명八字定命의 사상에 기초한 인식 체계다.

망신은 건록이다. 가록家祿은 두터우나 망덕亡德할 우려가 있다. 사주에 망신이 있는 사람은 결벽이 남아 부끄러움과 노여움을 잘 탄다. 이 살은 박식하고 견문이 넓은 전문직에서 주로 찾아볼 수 있는데 대개 원국의 망신은 맑으나 행운의 망신은 오염된 것으로 본다. 이때는 도덕이나 명분 이전에 실리를 추구하고 색탐하는 경향이 강해진다. 부도덕하고 불륜적인 과도한 행위를 자행하기 쉬운데 천살과 합작하여 천기天機를 엿보려는 강렬한 호기심이 근원적 이유가 된다.

앞에서 사주에 월살이나 망신이 있으면 재운이 따른다고 했다. 그러나 연살이나 겁살의 상충이 있으면 종종 불리한 형편에 처하기도 한다. 무엇보다 망신은 공망을 범하는 것을 기피한다. 망신이 공망되면 천살과의 합작이 무의미해져 왕족으로 누릴 프리미엄이 사라진다. 망육천의 합국은 록사양의 합작인데 망신이 육해와 합작하면 천살의 구원을 얻을 수 있다는 뜻이 되기도 한다. 그래서 육해를 천문으로 드는 정문을 지키는 수문장에 비유하기도 했다. 실상 천살이나 육해가 망신과 합작하는 것은 유리하지만, 망신의 입장에서 보면 별반 기꺼울 게 없다. 따라서 운에서 망신을 볼 때가 대개 유리하다. 보통 일년 신수에서 재정적인 문제가 해소되는 때는 망신이 합작하는 시점이다.

신살을 전장의 육군에 비유하면 겁살은 전방야전군, 망신은 수도방위군에 비유할 수 있다. 장성이 본부가 되고 화개는 군수사령부와 같다. 정예부대는 최상의 대우를 받기 마련이다. 그런데 반란에 동원되면 만인의 비웃음을 사게 된다. 등잔 밑이 어둡다 했던가. 망신은 병을 키우는 인자가 되기도 하는 것이다. 가령 해묘미, 목명의 망신은 인에 속하는데 간담 계통에 병이 잠복하고 있으며 심장의 기능도 미비한 것으로 판단한다. 생시에 망신이 있으면 호상을 기대하기 어렵다. 망육의 합국은 록사의 합작으로 망신은 육해의 운을 기피[1]한다. 이때는 수술이나 상해 등의 물상을 겪고 지나갈 때도 많다.

망신 띠의 인연과는 상궤를 이탈한 정상적이지 않는 관계를 맺는 게 오히려 나은 결과를 본다. 외도의 상대라면 헤어질 때 어떤 소란이나 구설도 야기하지 않는다. 자식이라면 혼전자식이거나 사생아일 때가 차라리 좋은 인연으로 작용하고, 정상아라면 후일 패륜이나 조사할 우려가 있다. 망신 방위에는 좀체 발각되지 않는 숨겨둔 인연이나 물건이 존재한다. 또 복록福祿이 살아 있는 처소가 이 살의 방위다. 구생구원求生救援의 처소는 천육망 합작과 관련이 깊다. 기도의 방위, 방향은 천살이 최적이다. 융통은 육해에서 이뤄진다. 세인의 도움을 구할 때는 망신 방향을 향한다.

주[1] >

시제의 선후로 보면 먼저 육해를 보고 망신을 보는 것이 망신을 보고 육해를 보는 것보다 훨씬 낫다. 생월에 육해와 생일 망신을 보는 것이 상대적으로 유리하고, 명국에 육해가 있고 운에서 망신을 보는 것이 좋다.

장성은 제왕이다. 씩씩하고 왕성하니 장성將盛이다. 지살과 합국을 이루면 왕생의 합작으로 기동력을 갖추어 능력이 배가되는 운기다. 화개와 합국하면 왕묘의 합작으로 안식에 들 수 있다. 사주에 자오묘유, 사패의 글자가 있으면 기본적으로 화해와 계책에 능한 인물이 되기 쉽다. 합국의 가교 역할을 하며 신속히 합작한다. 사주에 장성이 있는 사람은 식구 중의 중심 인물이 되기 쉽다. 장성이 있으면 집안과 조직을 단속하고 유지하는 힘을 갖게 된다. 그래서

판공비와 자금은 언제든 융통되기 마련이다.

봉건적 사유로 여명에 장성은 내조의 공과 무관하여 불리하게 여겼다. 여기에 반안까지 겹치면 성적 정체성을 잃게 되므로 석녀石女에 비유했다. 검녀劍女는 평범한 남자를 섬기면서 일생을 마치기는 싫다고 생각했다. 그래서 원하는 남자를 골라서 함께 살다가 실망하는 순간 미련 없이 버리고 떠난다. 풍수에 장성 방위가 튼튼한 방벽으로 채워지면 패하는 일이 없고 비상한 발전을 한다고 했다. 장성은 앞에 내세우는 게 아니다. 현관이나 대문이 장성 방위에 위치하면 가주에게 몹시 불리해진다. 방문도 예외가 아니다. 이 방에 기거하면 다치거나 병에 걸리기 쉽다. 까닭에 장성 방위는 외부에서 바람 한 점 새지 않도록 철저히 장막을 치는 게 우선이다.

장성 띠의 인연을 만나면 개운의 조짐이다. 만일 장성 띠의 원한을 사면 몰락의 비운을 맞게 된다. 역마는 장지의 합작을 방해하여 휴업, 휴직 상태로 돌입하게 만든다. 역마 띠의 인연이 그러하다. 까닭에 장성은 역마를, 역마는 장성을 기피한다. 장성과 역마 띠를 같이 두면 한가로운 실업자가 되기 쉽다. 장성 띠의 사람은 역마 해에 태어난 인연과 맞지 않다. 역마는 언제나 걸림돌로 작용한다. 겁살의 인연과는 특별하다. 정관을 암합하여 절지에서 합생[1]하는 물상이 된다. 재살은 장성을 자극한다. 이때 장성의 합국이 있으면 명예를 회복하고 반석을 놓는다. 그러나 합작의 대상이 없으면 위신의 실추로 한동안 슬럼프에 빠지기 쉽다. 장성 방위로 이동하거나 위치하는 것은 신중을 기해야 한다. 이 살은 이동의 통로로는 크게 부정적인 상황을 야기하므로 구원의 묘용이 나타나지 않고 오히려 전도[2]되어 해롭게 작용할 공산이 크다.

주[1] >

子生은 巳, 午生은 亥, 卯生은 申, 酉生은 寅이 지살에 속한다. 장성 띠가 지살의 글자를 보면 癸와 戊, 丁과 壬, 乙과 庚, 辛과 丙의 합생 관계가 성립된다. 즉 왕절의 포태 조합은 봉생逢生하므로 절처봉생의 결과를 낳는다는 의미다.

주[2] >

전도顚倒(reverse)는 왕신이 지나쳐 나타나는 반생, 반극, 역극의 상황을 말한다. 풍수적 의미로 장성을 보태면 과유불급過猶不及한 의미를 적용해서 부정적으로 보기 쉽다. 까닭에 장성의 색상도 일반적으로 꺼린다. 가령 뱀띠 생은 백색이 장성의 색상이 되므로 이를 기피하라고 조언한다. 그런데 망신은 대개 한시적으로 길하다. 따라서 망신의 백색은 행운을 구하는 색상이 되기도 한다. 결론하면 백색으로 재미를 보았으면 즉시 다른 색상으로 교체하는 게 좋다.

반안은 쇠지에 놓인다. 생식 기능은 쇠폐衰廢해졌으므로 여명에 반안이 있으면 불임의 가능성이 있다. 한편 높은 데의 것을 휘어잡고 오르는 능란함이 있다. 곧 반등攀登이다. 반안과 연살이 조합되면 노회하다. 앞에서 반안을 내시부에 비유했듯 이 살은 내밀하고도 충직한 기능을 한다. 반안은 곧 비자금과 같이 융통과 소통을 촉진하는 성분이 되므로 사주에 반안이 있으면 임기응변에 능하고 의식의 곤란을 해소한다. 장성과 역마를 같이 보면 출세를 의심할 필요가 없다. 또 충성심이 있고 변절하지 않는 반면 음탕성을 지닌다. 그래서 원국에 반안이 있는 자를 부하로 두면 좋은 주종 관계가 이루어진다. 반안의 재물은 수고의 대가로 이뤄지는 하사금과 같은 것이므로 실업, 생산과는 무관하다. 까닭에 반안은 사업 측면에서는 불리하게 작용한다.

이 살은 이성을 부른다. 반안은 연살과 합작하면 대개 복명이 된다. 부격이자 귀격이 되는 것이다. 반안이 재살을 보면 불리하다. 쇠는 욕으로 개운해지나, 태하면 비극의 씨앗을 만들기 쉽다. 자미, 묘술, 축오, 진유의 글자 관계가 불리한 현상으로 나타날 때는 거개 쇠태의 포태 조합일 경우다. 사주에 반안이 있고 재살이 있으면 주제 파악이 안 되는 하격일 때가 많다. 금고는 필시 반안 방위[1]에 둔다. 재정부서나 경리사원도 반안 방위에 두면 자금의 소통이 원활해진다. 반안 띠의 인연과는 어떤 거래도 휴유증을 수반하지 않는다. 채권채무관계의 정확한 이행이 이뤄지지 않아도 특별한 문제가 없다는 얘기다. 그렇다고 해서 반안의 인연을 가벼이 여겨서는 곤란하다. 천살과 반안의 띠는 존중할수록 스스로를 유익하게 하는 것이다. 천반의 상충은 양쇠의 물상을 지어 회복이 불가능한 상태에 놓이는 일이 없음을 암시한다. 문제는 이때 대개 입고되는 글자 육신에서 일어나는 것이다.

주[1] >

이장移葬은 천살 방위, 이사移徙는 반안 방위가 길하다.

역마는 병지에 놓인다. 곧 마차馬車다. 관인이 역마면 해외에서 활동한다. 이동과 운용의 기능을 주관한다. 통신, 홍보, 소문 등 중개와 커뮤니티, 콘센서스 일체를 의미한다. 사주에 역마가 있으면 대개 보고 듣는 게 많아 박식하지만 전문성에서는 취약脆弱할 때가 많다. 역마에는 일종의 병심病心이 깃들어 있다. 까닭에 봉사나 희생, 후생 복지 등의 물상을 내포한다. 역마의 해와 운에는 움직여 봉사하고, 부조 등의 지출 행위가 잦아진다. 이 해에는 피곤하고 또한 병에 걸리기 쉽다. 질병이 들면 육해의 해까지 장기간의 고통을 겪는다.

역마 띠의 인연은 중매나 중개 역할로는 이상적이다. 혹 관계가 단절돼도 서로 악선전을 하거나 악감정을 품는 일이 없다. 중개·주선의 별은 단연 역마가 최상이다. 다음으로 재살과 육해다. 재살과 역마는 월살과 합작할 때 연대連帶의 묘용이 있다. 육해는 합작 자체가 긍정적 변화를 수반한다. 이외의 인연은 알선 행위가 잘 통하지 않아 성사가 어렵다. 인기를 먹고 사는 연예인은 사주에 역마와 도화[1]가 함께 있는 경우가 많다. 선전 기능이 살기 때문이다. 역마는 재관인식의 사길신에 배당되어야 길하다. 생시 역마가 재에 속하면 거부를 축적할 가능성이 크다.

역마는 장성을 기피한다. 쌍방이 격각으로 작용해서 움직일 수 없게 만든다. 까닭에 사주에 역마와 장성을 같이 보면 하격이 되기 쉽다. 여기에 육해가 있으면 속도를 붙일 수 있어 빈천을 면한다. 역마 방위는 뉴스를 전달하는 TV, 라디오나 전화기 등의 통신기기를 놓는 게 적합하다. 좋은 소식과 기회를 매개한다고 했다.

주[1] >

사주에 역마와 도화, 망신이 함께하면 색정으로 인한 정통 도주 등으로 망신과 구설이 따른다고 했다.

육해는 사지에 놓인다. 화해禍害가 따르고 심하면 사경死境에 놓인다는 뜻을 품는다. 동력의 선후에서 육해의 합작 결과로 끝나면 불리하다. 대개 투기로 낭패를 보는 경우다. 몹시 위축되는 지경에 처한다. 반면 육해가 천살이나 망신과 합작하게 되면 구생求生할 수 있다. 구원을 받는다. 사람이 사지에 처하면 평소에는 생각하기 어려운 기지와 용기가 생기게 마련이다. 사주에 육해가 있으면 순간적으로 발휘하는 기지와 센스가 있다. 속전속결을 지향하고 성정은 발칙하고 태도는 방자한데 이는 천살이 배경으로 작용하기 때문이다. 보통 산전수전을 겪은 사람으로 신고하며 윤택하지는 않다. 위기를 넘기는 지혜는 무궁하나 부자가 되는 근기는 부족하단 얘기다. 육해와 역마는 병들어 죽는 형상을 짓는다. 병사의 조합은 무력하고 불리하다. 보통 양 해에 걸쳐 오랜 질액[1]으로 고생하기 쉽다.

사주에 寅卯, 巳午, 申酉, 亥子가 역마와 육해로 나란히 자리 잡으면 정지되고 소통이 불가해져 곤욕을 치르기 쉽다. 육해는 연살과 상충되는데 육해의 해나 운이 욕사의 충이 되어 가장 불리하다. 반면 연살이 육해를 상충하면 일단 지살과 역마가 움직이므로 활발해지는 운기를 실감하게 된다. 인신사해 사생의 띠가 육해의 해를 만나면 생이 사로 변한 격이다. 구설, 관재, 사고수 등의 불상사가 따른다. 육해의 방위에 상대를 두고 연살 방향을 바라보게 하면 언제나 우위의 효과를 누릴 수 있다. 이와 같이 육해와 재살에는 위급 상황에서 활로活路를 모색할 수 있는 비결이 담겨 있다. 명주와 육해 띠의 인연은 상생相生 관계로 대개 음덕이 있는 길연으로 판단한다. 주종의 관계로도 좋다.

주[1] >

육해는 사궁에 임하여 만성질환과 피로에 시달하고, 원행하면 쉽게 병을 얻는다. 사주에 육해가 있으면 본인이나 해당 육친이 오랜 병에 시달리고 타인에게 의지하는 경향이 많다.

화개는 묘지에 놓인다. 삼합 말미의 글자로 수렴과 재생의 의미를 품고 있다. 화려華麗하게 개세蓋世했으니 사치로운 공묘公墓요, 명묘名墓다. 덮개의 채색을 덧칠하고 이를 반복하면서 흠결을 보완해나간다. 총명하고 지혜로우며 꼼꼼하다. 인사에 비유하면 화개는 곧 참모로 볼 수 있다. 사주에 화개가 있으면 고독하다고 했다. 승도지류나 종교성과 관련이 깊다는 것이다. 화개가 합국을 짓지 못하면 효용이 없다. 부모의 조업을 고수하지 못하고 일찍 타향으로 나가 곤고하게 지내며 상속을 지키기 어렵다. 합작해도 선후의 후위 자리에 속하면 원점으로 다시 돌아가기 쉽다. 화개는 지살, 장성과 합작한다.

즉 묘는 생과 왕으로 합작하므로 건재함을 과시하거나 화려하게 복귀하는 복직, 복학, 재임용, 귀가, 재결합 등을 암시한다. 화개는 월살과의 상충을 기피한다. 장성과의 합작이 단절되고, 이미 장성과 합국된 경우에는 입고 현상이 나타나기 때문이다. 사주에 화개와 월살이 있으면 조석으로 마음이 변한다. 펼쳤다가 접기를 반복하며 이루는 게 별로 없다. 육해가 동주하면 사묘의 조합이 되어 유유부단해지기 쉽다. 화개의 해가 도래하면 과거에 했던 사업이나 사건이 재생된다. 재가동, 재결합[1] 등 다시 발생하는 일이 있다. 재회, 재발이다. 그래서 화개의 방위에는 반복해서 쓰는 도구나 물건이 놓여 있기 마련이다. 집을 구할 때 화개 방향으로 향하면 가격을 낮출 수 있다. 화개 띠에 속하는 자식은 가산을 탕진할 우려가 강하므로 주의해서 지켜보아야 한다.

주[1] >

화개의 인연끼리 혼인하면 이혼했다가 다시 재결합하는 경우도 많다.

맺음말

스승의 가르침은 예나 지금이나 버릴수록 채워지는 역설의 진리로 곧잘 회자됩니다. "특기를 숨기는데 연연할 필요가 없고, 아는 것은 빠짐없이 친절하게 가르치라. 그러면 곧 영감과 지식을 동시에 얻게 된다." 그리고 대개 시간이 한참 흘러 깨닫게 되는 깊은 뜻과 암시하는 바가 있었음을 알게 됩니다. 온고지신의 확고한 프레임과 종횡으로 연관되는 방대하고도 다채로운 우리 학파의 독보적인 선진이론 체계는 이제 함축된 하나의 줄기로 관통될 시점에 이르렀습니다.

5년 전의 어느 가을날, 스승의 강연회에서는 자평명리의 오랜 역사가 새로운 진테제synthese의 단계로 돌입하게 될 것임을 이미 예고하고 있었습니다. 21세기의 초입에서 팔자술의 자평명리는 오자술의 한국명리로 개변을 앞두고 있습니다. 이수명리의 오리지낼러티가 한층 강화된 오자술의 실전 술기는 자평명리의 진입 장벽을 과감하게 허물고, 규칙적인 패턴을 이용하면서도 실상에서의 효용성은 제고한 강력한 운명술로 진화하고 있습니다.

이 강의록은 본격적인 오자술의 학습에 앞서 입문 내지 기초 학습용으로 편집된 것입니다. 강연 내용 자체가 종래의 이론이나 가설을 확고히 세워진 원칙을 바탕으로 조리가 맞게 설명되어 있으므로 독자들의 읽기에 큰 무리가 없을 것 같습니다. 또 주를 달아 일반 독자들의 눈높이에 맞추기 위한 배려를 했으므로 미력하나마 국민역학의 탄생에 이 책이 일조했으면 하는 바람을 가져봅니다.

기축년 신년 벽두를 앞두고

윤기옥 · 황인희

五字術

十二運數

知者知

不知者不知

글쓴이

윤기옥

숙명여자대학교 일어일문학과 졸업

이수학파 문하 11회 사사

황인희

원광대학교 화학과 졸업

이수학파 문하 12회 사사

新世紀 東洋運命術 改變

韓國易學 五字術 新紀元

➜國民易學 五字術 學習 段階

1段階	看破命運	入門 α
2段階	十二運輪	基礎 β
3段階	李豹神技	中級 θ

➜ 看破命運 討論區 假想空間

http://cafe.naver.com/fortuneleesoo

➜ 十二運數 討論區 假想空間

http://cafe.naver.com/moonha3

➜ 李豹神技 討論區 假想空間

http://cafe.naver.com/leesoobazifandom

Speaker Bureau

LBBC

LEESOO BAZI ART BOOK WRITERS' CLUB

看破命運α

十二運數β

李豹神技θ

李修 先生 活動 年表

略歷

(株)에스크퓨처닷컴(www.askfuture.com) 대표 역임
스포츠조선 퓨처미디어 (SCFM) 대표이사 역임
대한민국 특공대 예비역 중앙회장
법왕청불교신문 및 영문 외교저널 총괄 회장
1965년 釜山 출생
1999년 스포츠조선 '오늘의 운세' 연재
2000년 한국경제TV MC 및 패널리스트
운세 역학 포털사이트 '에스크퓨처닷컴(www.askfuture.com)' 런칭
중앙일보 이코노미스트, 한국경제신문 고정 칼럼니스트
-이코노미스트, "이수 선생의 四柱-테크"
-한국경제신문, "명사들의 사주 산책"
-한국경제TV, '국민주식고충처리반'
-한국경제TV, "동양학으로 보는 증시 예단"
2001년 '이수문파(李修門派)' 창건
한국능률협회, 최고 경영자 과정 세미나 초빙 강연
코리아타임즈(The Korea Times) 칼럼니스트
-코리아타임즈, 중앙데일리 "매년 國運 예측" 기고
-이코노미스트, "벤처CEO 추명(推命) 탐방 시리즈"
-한국경제신문, "십간론 증시 예측"
2002년 중앙일보 '오늘의 운세' 연재
이코노미스트, '이수 · 고승덕' 하계 투자 컨설팅 세미나
증시 사이트 '팍스넷' 투자분석가(전문 애널리스트) 활동
서울경제신문 '오늘의 재운' 연재
-한국경제TV, '投資와 命理'
-한국경제TV, "동양학으로 그려본 2002년 주가 그래프"
2003년 스포츠조선 계열사 SCFM 대표이사 취임
스포츠조선 칼럼니스트
-스포츠조선, "재테크와 역술"
-이코노미스트, "CEO 풍수학"
-월간중앙, "이수의 명리학 강의 - 세기적 인물의 사주학적 운명"
2004년 원광대학교 동양학 대학원 명리학 강의
머니투데이 칼럼니스트
-'매직다우, ^DJI 등락 주간 예측' 연재
-한국경제TV, '건강충전, 풍수-테크'
2005년 AskFuture USA Inc. 설립
2006년 매일경제신문 창조 한국인 20인 선정
대한민국 특공대전우회장 취임
2007년 성균관대학교 금융MBA 과정 출강
2008년 법왕청 불교 신문 회장 취임
북경대학교 최고경영자과정 객원 교수

寄稿

중앙일보 이코노미스트 칼럼
+ CEO 풍수학' '이수 선생의 사주-테크' 연재

한국경제신문 칼럼
+ '명사들의 사주 산책' 연재

스포츠조선 칼럼
+ '재테크와 역술' 연재

월간중앙
+ '이수 명리학 강의-세기적 인물의 사주학적 운명' 연재

코리아타임즈 (The Korea Times)
+ Fortuneteller Predicts National Destiny for Upcoming Year [2002-12-31]
+ 'Ruling Party Holds Edge in Presidential Election' [2001-12-31]

머니투데이
+ '주간 다우지수 등락 예측' 연재

중앙일보
+ '오늘의 운세' 연재

스포츠조선 · 서울경제신문
+ '오늘의 재운' 연재

World Buddhist Supreme Tathagata Followers
Peace Foundation. Juridical Foundation
TEL : 82)2-3217-3217 / FAX : 82)2-379-7676 / www.wbstf.com, www.wbstf.co.kr

著述 *

唐四柱 · 東學社 1997
滴天髓 써머리 · 東學社 2001
주가등락 알 수 있다 · 애퓨북스 2002
滴天髓 摘要 · 臺灣武陵出版社 2003
八字術 必殺技 · 장서원 2004
부자의 운명으로 갈아타라 · 매일경제신문 2004
펑수이 큐어 · 찬섬 2005
CEO 風水學 · 장서원 2005
子平眞詮 리뷰 I II · 장서원 2005
欄江網 마스터리 I II III · 장서원 2005
八字術 파이널블로 · 장서원 2005
風水 인테리어 · 디지털북스 2006
滴天髓摘要 해설 · 장서원 2006
滴天髓 스펙트럼 I II · 장서원 2006
八字入門 I II III IV V VI · 장서원 2007
八字虛字論 · 장서원 2008
命理36禽獸 I II · 장서원 2008
李豹神技 · 장서원 2008

監修 *

스피디萬歲歷 · 六十甲子人間學 · 八字來情 · 胞胎珍技 · 空亡秘鑰十八技 · 五行干支叢論 · 八字命理六神大突破 · 窮通寶鑑一讀 · 命理物象實戰57招 · 李修刑沖會合精解 · 李修八字虛字論講解 · 八字格局總攬 · 李修命理의理解 · 李修十干論大突破 · 神煞括要 I II · 八字女命論物象補註

십이운수(十二運數)

첫판 1쇄 2009년 4월 23일

지은이　윤기옥 · 황인희

펴낸이　장석홍

펴낸곳　도서출판 장서원

141-160 서울 용산구 남영동 7-1(201호)

전화 703-5362 팩스 797-5362

등록 제 01-01213호

shjang1011@hanmail.net

정가 15000원

五字術 十二運數

知者知 不知者不知

Twelve Fortunes,

four pillars of Destiny